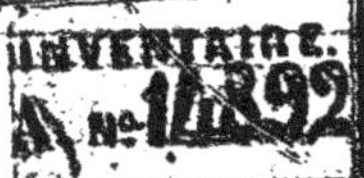

LA

CONTROVERSE SUR LE TALMUD

SOUS SAINT LOUIS

PAR

Isidore LOEB

Extrait de la *Revue des Études juives.* — Tomes I⁰, II et III.

PARIS

LIBRAIRIE JOSEPH BAER ET Cᵉ

18, RUE DE L'ANCIENNE COMÉDIE

1881

LA
CONTROVERSE SUR LE TALMUD
SOUS SAINT LOUIS

PAR

Isidore LOEB

Extrait de la *Revue des Études juives*. — Tomes Iᵉʳ, II et III.

PARIS

LIBRAIRIE JOSEPH BAER ET Cᵉ

18, RUE DE L'ANCIENNE COMÉDIE

—

1881

LA

CONTROVERSE SUR LE TALMUD

SOUS SAINT LOUIS

(1240)

L'intérêt qui s'attache à la controverse sur le Talmud qui eut lieu à Paris, sous saint Louis, en 1240, est de plusieurs sortes. C'est avant tout un intérêt historique de premier ordre, mais au point de vue littéraire aussi, cette controverse a une grande importance. Elle produit les premiers monuments de cette littérature anti-juive qui compte de si nombreux écrits et qui, à travers le *Pugio fidei,* le *Fortalitium fidei* et tant d'autres ouvrages singuliers, a abouti à Eisenmenger et à Chiarini. A ce titre, elle a une valeur toute particulière et mérite de fixer l'attention. A part le *De insolentia Judæorum* d'Agobard, sous Louis le Débonnaire, nous ne connaissons guère d'ouvrage antérieur à 1240 où la doctrine des Juifs et principalement la doctrine rabbinique ait été attaquée, et jamais elle ne l'avait été avec cette méthode et cette précision que montrèrent les adversaires des Juifs en 1240 C'est à partir de ce moment que la science de la controverse talmudique est fondée chez les chrétiens, et les futurs ennemis de la littérature rabbinique n'ajouteront pas grand'chose, au fond, aux arguments qui furent produits alors contre le Talmud.

Rappelons brièvement les faits. En 1239, un Juif apostat, Nicolas Donin, de La Rochelle, porta devant Grégoire IX une accusation en règle contre le Talmud. Le pape adressa des bulles aux évêques de France, d'Angleterre, de Castille, de Léon, aux rois de France, d'Angleterre, d'Aragon, de Castille, à l'évêque et au prieur des frères prêcheurs et des frères mineurs de Paris : les exemplaires du Talmud devaient être saisis et une enquête ouverte sur cet ouvrage. En France seulement, à ce qu'il semble, il fut donné suite à ces bulles. Les exemplaires du Talmud furent saisis et transportés à Paris et une enquête fut organisée. On ne connaît pas bien tous les faits de cette enquête ni l'ordre dans lequel ils se succédèrent, mais on sait qu'Eudes de Châteauroux, chancelier de l'Université de Paris et plus tard légat du Saint-Siège en Terre-Sainte y prit une très grande part et que la controverse qui eut lieu à Paris, en 1240, entre Nicolas Donin et quatre rabbins (Yehiel de Paris, ou, d'après les sources latines, Vivo de Meaux[1], Juda b. David de Melun, Samuel b. Salomon[2], Moïse de Coucy), en forme un des épisodes les plus importants. Le Talmud fut condamné et les exemplaires saisis furent brûlés publiquement à Paris probablement en 1242, sinon en 1244. En 1247 et 1248, ce procès eut une suite sur laquelle on trouvera des détails plus loin.

Il existe deux relations de cette controverse : une relation hébraïque et une relation latine. La première a été imprimée en partie, d'après un manuscrit incomplet de l'ancienne bibliothèque de Strasbourg, dans les *Tela ignea* de Wagenseil. Elle a été en entier éditée en 1873, d'après un manuscrit de la Bibliothèque nationale de Paris, sous le titre de *Vikkuah Rabbenu Yehiel mi-Paris* (controverse de Rabbi Yehiel de Paris[3]). La relation latine se trouve dans le manuscrit latin n° 16,558 de la Bibliothèque nationale, f° 231. Elle est beaucoup moins étendue que l'autre, mais ce manuscrit contient encore sur les faits qui nous occupent beaucoup d'autres renseignements dont nous allons montrer l'importance.

Le manuscrit ou, du moins, la seconde partie du ms., celle qui commence au f° 97, a pour titre *Extractiones de Talmud* (Extraits du Talmud). Les *Extractiones* ont été composées après l'auto-da-fé du Talmud, sur les ordres d'Eudes de Châteauroux et dans le des-

---

[1] Dans notre article sur le *Rôle des Juifs de Paris en 1296*, nous avons demandé si, par hasard, le Vivant de Meaux qui est nommé dans le rôle de 1292, ne pourrait pas être notre célèbre R. Yehiel (Voir *Revue des Études juives*, tome Ier, p. 70). Nous ne le pensons pas, car on ne peut pas sérieusement mettre en doute l'exactitude des témoignages suivant lesquels R. Yehiel aurait quitté Paris (après 1257), aurait été à Acre et serait enterré à Caïffa (Voir Carmoly, *France isr.*, p. 74, et Zunz, dans l'édition Asher de Benjamin de Tudèle, 2° vol., p. 258). Ce qui est moins certain, c'est l'âge que pouvait avoir R. Yehiel à l'époque de la controverse. On admet généralement qu'il a été le disciple de Juda Sire Léon, de Paris, et qu'il lui a succédé à la tête de l'école talmudique de Paris immédiatement après la mort de Sire Léon, en 1224. Or si nous savons bien sur quoi s'appuie la première de ces deux assertions, la seconde repose sur un renseignement de Salomon Loria (consultation 29) qui ne prouve nullement la succession immédiate des deux rabbins. Si les deux assertions sont également exactes, il faudrait admettre qu'en 1224 R. Yehiel avait au moins vingt-cinq à trente ans, quarante-et-un à quarante-six ans en 1240, et il aurait eu plus de quatre-vingt-dix ans en 1292.

[2] M. Graetz dit (tome VIII. 2° éd., p. 105) que ce rabbin était de Château-Thierry. Cette opinion est contestée par M. Gross (dans *Magazin*, de Berliner, IV, p. 179), qui suppose que notre Rabbin est Sire Morel de Falaise. Cf. *Monatsschrift*, de Graetz, 1869, p. 148.

[3] ויכוח רבינו יחיאל מפריס, Thorn, 1873; in-8° de 19 p.

sein d'éclairer les théologiens sur les erreurs, les obscurités et les blasphèmes du Talmud, afin qu'ils ne puissent point, par ignorance, considérer le Talmud comme un livre sans danger et qui dût être toléré (Voir le Prologue et f° 230). L'auteur s'est fait aider par deux chrétiens « très érudits en hébreu », et dans la relation hébraïque également Rabbi Yehiel constate que beaucoup de clercs avaient appris l'hébreu chez les Juifs[1]. Nicolas Donin prêta sans doute son concours aux deux savants chrétiens. Le ms. se compose de deux parties : dans la première, qui pourrait bien ne pas faire partie des *Extractiones*[2], les matières extraites du Talmud sont classées systématiquement sous un certain nombre de rubriques (De l'autorité du Talmud et des docteurs, des blasphèmes, etc.); dans la seconde, elles se suivent dans l'ordre des traités talmudiques. A la fin se trouvent, entre autres documents, les 35 chefs d'accusation que le pape avait portés contre le Talmud, avec un commentaire, les réponses de R. Yehiel et de R. Juda, les bulles du pape Grégoire IX et enfin la condamnation de 1248 prononcée par Eudes de Châteauroux[3].

[1] P. 10 de l'édition de 1873.

[2] Ce point mérite une petite discussion. Le titre d'*Extractiones* ne figure, dans cette première partie du manuscrit, que dans le Prologue, ff. 1 a 4, et nous montrons plus loin, p. 16, notes 1 et 2, que ce prologue n'est pas du tout à sa place ici, mais que sa véritable place est à la tête de la seconde partie du ms., f° 97. C'est déjà une bonne raison pour regarder cette seconde partie du ms. comme indépendante de la première, car il serait bien singulier que, si les deux parties du ms. ne formaient qu'un seul et même ouvrage, l'auteur eût mis son prologue en tête de la seconde partie et non en tête de la première. En outre, le ms. porte une ancienne pagination maintenant biffée, or cette pagination commence par le chiffre 1 à la seconde partie du ms. (le f° 97 actuel) et se continue jusqu'à la fin du ms., mais les feuillets qui précèdent n'étaient autrefois pas chiffrés, ils ne faisaient donc point partie du même ouvrage que la suite. Enfin, ce qui est plus convaincant encore, c'est qu'en tête du feuillet 211 b (pagination moderne) se trouvent ces mots : « Prologus in secundam partem. » C'est donc là, et non au f° 97, que commence la seconde partie des *Extractiones*. D'où nous concluons que la première partie de notre ms., f° 1 à 96 pourrait bien être un ouvrage tout différent des *Extractiones*, n'ayant peut-être aucune relation avec les *Extractiones* et provenant d'une toute autre origine. Nous continuerons néanmoins, pour la commodité de notre exposition, à donner à notre manuscrit entier le nom d'*Extractiones*. Cependant il paraît difficile, d'un autre côté, de diviser le ms. en deux ouvrages entièrement séparés et n'ayant aucun rapport entre eux. La matière de la première partie (ff. 1 à 96) est la même que celle de la seconde partie, mais distribuée dans un autre ordre. Ceci ne prouverait rien, à la rigueur, mais voici une raison plus grave. On se rappelle que cette première partie est divisée en chapitres intitulés : De auctoritate Talmut, De sapientibus, De blasphemiis..., De erroribus..., De stultiaciis, etc. Or, en marge de la seconde partie, se trouvent continuellement des notes qui rappellent ces titres et renvoient à ces chapitres. Malgré les apparences, le contenu du ms. n'est donc probablement qu'un seul et même ouvrage.

[3] Une partie de ces dernières pièces, ainsi que le Prologue, ont été imprimées dans Echard, *Sancti Thomæ Summa suo auctori vindicata*, Paris, 1708, p. 572 et suiv. Voir aussi Echard, *Scriptores ordinis prædicatorum*, tome 1, p. 128 et suiv.

Nous nous proposons de faire connaître ici ce Commentaire des 35 chefs d'accusation contre le Talmud (ou articles, comme les nomme notre manuscrit) énumérés dans la bulle de Grégoire IX. Nous en donnons plus loin le texte, avec une traduction française. Il y a plusieurs raisons de publier cet important passage de notre manuscrit.

Tout d'abord, en comparant ce Commentaire des « articles de la lettre du Pape » avec la relation hébraïque de la controverse (le *Vikkuah*, comme nous l'appellerons dorénavant), on est frappé de la ressemblance des arguments produits contre le Talmud, ici par Nicolas Donin, là par l'auteur des *Extractiones*. On pourrait considérer souvent ce commentaire comme une traduction littérale ou au moins une traduction libre de nombreux passages du *Vikkuah*. Il est donc de toute évidence que le commentaire des 35 articles de la bulle a été écrit sous l'inspiration directe et la dictée de Nicolas Donin. En disposant les différents passages du commentaire dans l'ordre que suit le *Vikkuah*, on aurait pour ainsi dire une grande partie de ce *Vikkuah* mis en latin et on compléterait la relation latine de la controverse (ou Confession, comme l'appelle le ms.), qui est d'une grande brièveté.

L'étude de ce Commentaire offre encore un autre intérêt. Il est un spécimen des plus curieux de la manière dont les chrétiens du XIIIe siècle traduisaient le Talmud en latin. Il faut rendre justice aux deux clercs qui ont prêté leur concours à l'auteur des *Extractiones*. A part leur erreur sur le sens du mot *goy* dont nous parlerons tout à l'heure, leur traduction est exacte, précise, très scientifique, et le sens des passages est en général bien saisi, grâce sans doute à la collaboration de Nicolas Donin. On ne leur adressera qu'un seul reproche : c'est qu'ils traduisent mot-à-mot, servilement, de telle sorte qu'il est absolument impossible de les comprendre si on n'est pas talmudiste et si on ne sait pas mettre sous les mots latins les expressions mêmes du Talmud [1].

Enfin cet échantillon des *Extractiones* montrera que cet ouvrage

Cf. *Monatsschrift*, de Graetz, 1869 (Levin) et 1874 (Kisch), et naturellement l'Histoire des Juifs, de Graetz, tome VII, l'excellente note 5. Des extraits du ms. des *Extractiones* se trouvent également dans un ouvrage extrêmement rare (on dit que l'édition a péri dans un naufrage) et dont M. le baron James-Edouard de Rothschild vient de trouver un exemplaire. Cet ouvrage a pour titre : *Collectio Judiciorum de novis erroribus....*, par Charles Duplessis d'Argentré, tome Ier. Paris, Nicolas Duchesne, 1755, in-f°. Pages 146-156, anno 1238, se trouve un chapitre qui porte le titre suivant : « Censoria animadversio Parisiensium magistrorum in libros Thalmud, et ipsa bulla Gregorii Papæ IX de impiis dictis lib. Thalmud, tum sententia Odonis cardinalis Tusculani. »

[1] Entre autres singularités de la traduction, on remarquera les participes présents

pourrait utilement servir à la critique et à la correction du texte talmudique, tel que nous l'avons aujourd'hui. On sait que ce texte est très corrompu, très fautif, et qu'aucun grand effort n'a encore été fait pour le corriger. M. Rabbinowicz, de Munich, publie depuis quelques années, principalement d'après un manuscrit de la bibliothèque de cette ville, des variantes talmudiques sous le titre de *Dikduké Soferim* et cette publicatio. qui n'est pas encore achevée, contribuera beaucoup à la rectifica.ion du texte. Les *Extractiones* pourraient aussi servir à faire une collection de variantes qui ne manqueraient pas d'intérêt. Nous signalons plus loin, dans les notes, toutes celles que nous avons remarquées dans le commentaire des 35 articles de la bulle de Grégoire IX.

La concordance remarquable qui existe entre le *Vikkuah*, le commentaire des 35 articles et la *Confessio* des *Extractiones* (f°ˢ 230-231), prouve l'exactitude des relations que nous possédons sur la controverse. Le *Vikkuah* contient à peu près tout ce qui se trouve dans le commentaire des articles et dans la *Confessio*, et réciproquement ceux-ci contiennent une grande partie du *Vikkuah*, qui est plus développé. Il est difficile de dire quel ordre a été suivi dans la controverse. Il paraît certain que Nicolas Donin, qui, d'après le *Vikkuah*, a conduit les débats, n'a pas pris pour texte ni pour guide les articles de la bulle pontificale. Ni le *Vikkuah* ni la *Confessio* ne suivent l'ordre de ces articles, et il est même difficile de reconnaître un ordre quelconque dans la *Confessio*. L'ordonnance du *Vikkuah* est au contraire excellente, rationnelle, et supérieure même à celle des 35 articles. A cet égard la relation du *Vikkuah* paraît meilleure que celle des *Extractiones* et plus digne de foi.

La matière de la controverse est, en effet, distribuée comme suit dans le *Vikkuah* :

I. Introduction : Sur la valeur et l'autorité du Talmud, l'importance exagérée qu'il a prise chez les Juifs (f°ˢ 1 à 3 de l'édition de 1873).

II. Sur les blasphèmes qu'il contient contre Jésus (f° 4) :

    a. Jésus serait condamné en enfer au supplice de la boue bouillante.

    b. Il serait fils illégitime de Marie et de Ben Sotada.

employés pour traduire un temps du verbe hébreu qui est à la vérité un participe présent, mais qui a souvent le sens de l'indicatif présent.

III. Blasphèmes contre Dieu et contre la morale (f°s 6 et 7) :

a. Dieu demande à être relevé du serment qu'il a fait de détruire le temple.

b Un serment ou un vœu peuvent être annulés par la permission de trois personnes ou d'un seul docteur.

c. Un serment ou un vœu faits dans l'année sont nuls si, au commencement de l'année, on a pris la précaution de dire : Je veux que tous les serments et vœux que je ferai dans l'année soient nuls et non avenus.

d. Dieu a demandé qu'un sacrifice expiatoire fût offert pour lui, parce qu'il avait eu le tort de diminuer les dimensions et l'éclat de la lune, qui, au commencement de la création, avait été aussi grande et aussi lumineuse que le soleil.

IV. Blasphèmes contre les chrétiens (f°s 8 à 11 ; nous ne citons que ceux qui sont reproduits dans la partie des *Extractiones* qui nous occupe) :

a. On peut ou doit tuer le meilleur des goyim [1].

b. Un goy qui se repose le samedi mérite la mort.

c. Un goy qui s'occupe de l'étude de la Loi mérite la mort.

d. L'argent des goyim est dévolu aux Juifs, donc il est permis de les voler ou de les tromper.

e. Si le bœuf d'un Israélite a frappé de la corne le bœuf d'un goy, le propriétaire ne paie point le dommage.

f. Il est permis de se moquer des idoles (du christianisme).

g. Il est défendu de dire : Que ce goy est beau !

h. Il est défendu de rendre à un goy un objet qu'il a perdu.

i. Dans une de leurs prières, les Juifs insultent trois fois par jour les chrétiens, le clergé, le roi, etc.

j. Les Juifs ne souffrent que douze mois au plus dans l'enfer, les disciples de Jésus éternellement.

V. Erreurs, sottises et absurdités (f° 13) ; (nous ne citons que celles qui sont reproduites dans la partie des *Extractiones* qui nous occupe) :

a. Depuis la destruction du temple, Dieu ne s'est réservé dans le monde qu'un espace de quatre coudées carrées.

b. Singulières occupations de Dieu pendant les quatre veilles de la nuit : il pleure, il enseigne la Loi aux enfants.

---

[1] Nicolas Donin et l'auteur des *Extractiones* veulent absolument appliquer le mot aux chrétiens.

c. Les rabbins peuvent renverser une disposition formelle de la Loi ; par exemple : dispenser de sonner de la trompette (schofar) le 1er jour du septième mois, ou de porter la palme (loulab) le 15e jour de ce mois, si ces jours sont un samedi.

d. A propos d'une discussion entre rabbins où Dieu est intervenu et où cette intervention a été repoussée par eux, Dieu s'est écrié, en plaisantant : Mes enfants m'ont vaincu !

e. Dans le paradis, le Léviathan est servi à la table des justes.

On remarquera tout d'abord que cet ordre suivi dans le *Vikkuah* est, dans ses traits généraux, exactement celui de la première partie de notre ms. latin, qui est composée comme suit :

Autorité du Talmud et des docteurs ; folios	5 à 12
Blasphèmes contre Jésus ; —	12 à 14
Blasphèmes contre Dieu ; —	14 à 18
Blasphèmes contre les chrétiens ; —	18 à 24
Erreurs, sottises, turpitudes, « immondices », fables ; —	24 à 96

C'est un argument très fort en faveur de l'ordre suivi par le *Vikkuah*. La comparaison détaillée du *Vikkuah* avec le commentaire des 35 articles et la Confession de R. Yehiel et de R. Juda nous a paru, du reste, assez curieuse pour que nous la donnions ici. Nous prendrons pour base de cette comparaison les 35 articles de la bulle pontificale, et nous mettrons en regard trois colonnes où sont indiqués les passages correspondants du *Vikkuah*, de la Confession de R. Yehiel, et de la Confession de R. Juda :

Col. V. *Vikkuah ;* les numéros sont ceux du résumé que nous venons de faire de cet écrit.

Col. Y. Confession de R. Yehiel ; les numéros sont ceux qui se trouvent dans la reproduction de ce passage des *Extractiones* qu'on trouvera plus loin.

Col. J. Confession de R. Juda ; même observation pour les numéros.

Tableau pour la concordance des relations de la controverse sur le Talmud.

LES 35 ARTICLES.	V	Y	J
I. Il y a deux lois, la loi orale, la loi écrite.....	I	IX	
II. La loi orale vient de Dieu...................	.		
III. Les Juifs l'ont retenue longtemps par cœur....	.		
IV. Elle a été rédigée par les scribes............	.		
V. Les scribes sont supérieurs aux prophètes.....	.	IV	
VI. Ils peuvent renverser des dispositions de la Loi écrite :			
Par exemple celle du schofar......... ...	V *c*	V	
Ou celle du loulab...................	V *c*	V	
VII. Il faut les croire, quand même ils diraient que la droite est la gauche ou que la gauche est la droite...................			
VIII. Qui n'observe pas leurs lois, mérite la mort...			V
IX. Les enfants doivent plutôt ap, endre le Talmud que la Bible....................		IV	VI
X. Tuez le meilleur des goyim (à propos des Égyptiens)	IV *a*		
XI. Un goy qui se repose le samedi mérite la mort.	IV *b*		
XII. Au sujet des goyim :			
Pas d'indemnité pour leur bœuf frappé; les deux envoyés de Rome................	IV *e*		
Leur argent est dévolu aux Juifs.........	IV *d*		
Permis de garder ... objet perdu par eux..	IV *h*		
Erreur de compte permise avec eux.......	IV *d*		
XIII. Un serment ou vœu est levé par une protestation faite au commencement de l'année.....	III *c*	XVI	
XIV. Ou par trois hommes ou par un docteur......	III *b*	XV	
XV. Dieu et la lune	III *d*		
XVI. Dieu se repent d'avoir juré la destruction du temple et demande à être relevé de ce serment...................	III *a*	X	
XVII. Même question...................		X	
XVIII. Dieu se maudit d'avoir détruit le temple.......		XI	
XIX. Dieu ment à Abraham...................			
XX. Dieu engage Samuel à mentir.............			
XXI. Dieu a gardé dans le monde un espace de quatre coudées	V *a*		
XXII. Les occupations de Dieu pendant les quatre veilles	V *b*	XVII	
XXIII. Dieu s'adresse à lui-même une prière.........		XVIII	
XXIV. Dieu dit : Mes enfants m'ont vaincu!........	V *d*		III
XXV. Dieu pleure trois fois par jour...........			
XXVI. Jésus est enfant illégitime...................	II *b*	III	I
XXVII. Son supplice en enfer...................	II *a*		II
XXVIII. Permis de se moquer des idoles............	IV *f*		
XXIX. Mots injurieux usités contre les goyim. Défense de dire : Que ce goy est beau !.......	IV *g*		
XXX. Prière insultante pour les goyim, les clercs, le roi...................	IV *i*		

LES 35 ARTICLES.	J	Y	V
XXXI. Les Juifs, douze mois dans l'enfer : les goyim toujours..........................	IV j	XIII XIV	
XXXII. Qui étudie le Talmud est sûr de gagner la vie future			
XXXIII. Qui jeûne, pèche...................			
XXXIV. Sur Adam......................		VII	
XXXV. Sur Noé et Cham..................		VIII	

On voit que les diverses relations sont presque identiques, à part l'ordre des matières. On voit aussi que plus d'une question énoncée dans les 35 articles a probablement été omise, comme accessoire, lors de la controverse. D'un autre côté, plusieurs points énoncés dans le *Vikkuah* ont été omis pour le même motif par l'auteur des *Extractiones*.

Disons un mot du fond du débat.

Il est hors de doute que les juges qui ont condamné le Talmud étaient de bonne foi, Nicolas Donin seul ne l'était pas. Etant donnée leur ignorance absolue de l'histoire de la formation du Talmud, l'impossibilité pour eux de saisir l'esprit de ce vaste recueil, l'absence de toute règle de critique historique ou scientifique, les préjugés aussi et le fanatisme y aidant, le Talmud devait succomber, et on doit se borner à regretter la barbarie de l'époque, qui livre au feu, sans scrupule et sans remords, un des monuments les plus curieux de la pensée humaine. Pas un seul des arguments invoqués contre le Talmud ne soutient l'examen.

Ecartons d'abord du débat tout ce qui regarde l'autorité même du Talmud et des docteurs, l'institution d'une loi orale. Ce sont des questions de pure théologie, pour lesquelles on ne brûlera plus personne ni rien. C'est à peine si l'on peut comprendre aujourd'hui qu'une pareille question ait jamais soulevé, ailleurs que dans l'école, la moindre objection.

Ecartons aussi le reproche de blasphème contre Dieu, les arguments tirés des prétendues sottises, absurdités, « immondices » et immoralités du Talmud. Le Talmud est un livre profondément religieux, c'est le plus singulier des contre-sens que de lui attribuer des intentions de blasphème contre Dieu ou contre les règles de la morale. Mais le Talmud est de son temps et de son pays, il n'a pas le même tour d'imagination que nous ni les mêmes pudeurs [1]. Il reste, en partie, une espèce de code, et tous les codes du monde ont, pour la précision crue du langage, des immunités spéciales. Tous les arguments de cette espèce sont, du reste, tirés de cette partie du Talmud qu'on appelle l'Aggada et à laquelle les juges de 1240 n'ont absolument rien compris. L'Aggada, ce sont ces jeux où se complaisait et se délassait, après l'étude sérieuse, l'imagination des docteurs et où elle se donnait pleine carrière. Aller prendre au sérieux et traiter gravement ces contes merveilleux, ces légendes, toutes ces inventions folles, mais souvent délicates et poétiques, des rabbins de Babylone, c'est commettre la plus lourde bévue. Il faut s'en amuser avec les docteurs, elles sont le charme et la récréation du Talmud. Et lors même que R. Yehiel et ses contemporains y auraient attaché, comme il semble, un peu plus d'importance qu'il ne faut, on voit qu'ils reconnaissent très bien qu'elles n'ont pas la même valeur que le reste du Talmud, R. Yehiel déclare formellement qu'on peut, si on y est porté, les traiter pour ce qu'elles sont, d'innocents et naïfs badinages.

Ainsi tombent les trois quarts des arguments invoqués contre le Talmud. Nous ne nous arrêterons guère aux deux passages relatifs à Jésus. Qu'y a-t-il d'étonnant qu'il se trouve dans le Talmud quelques attaques contre Jésus, il serait singulier qu'il en fût autrement, et s'il faut s'étonner de quelque chose, c'est qu'il n'y en ait pas davantage. Le passage relatif au supplice de Jésus dans l'enfer n'a d'ailleurs aucune importance, il nous semble. On remarquera avec curiosité, sur l'autre, que R. Yehiel et R. Juda nient tous les deux qu'il se rapporte à Jésus et ils paraissent être de bonne foi. Il faudrait admettre qu'ils se soient entendus d'avance sur ce point (car, pendant la controverse, ils ne pouvaient pas communiquer ensemble et ils furent interrogés séparément), ou bien, chose assez difficile à croire, qu'il était convenu, au moyen âge, entre Juifs, qu'on répondrait ainsi aux chrétiens. Le passage est, en effet, difficile, on peut douter très légitimement qu'il s'applique à Jésus et R. Yehiel en donne fort bien les raisons [2].

[1] La même observation s'applique à la Bible et dans le *Vikkuah*, R. Yehiel fait très justement remarquer qu'une partie des reproches faits au Talmud iraient au-delà du but et retomberaient sur la Bible même.

[2] M. J. Derenbourg, dans son *Essai sur l'histoire et la géographie de la Palestine*, (Paris, 1866), note IX, p. 468, discute ce passage du Talmud et les passages parallèles, et conclut que le Jésus fils de Sotada, exécuté à Lydda, n'est pas Jésus-

Un mot d'explication encore touchant les *goyim* [*].

Il faut remarquer tout d'abord que nulle part dans le Talmud le mot *goyim* ne signifie les chrétiens, mais les payens et les gentils, ou mettons, d'une façon générale, les non-Juifs, chrétiens compris. Nicolas Donin était d'une insigne mauvaise foi lorsqu'il persuada aux clercs que ce mot *goy* (au pluriel *goyim*) désignait précisément les chrétiens, et la seule excuse qu'on puisse invoquer en sa faveur, c'est que les Juifs de cette époque, ne connaissant pas d'autres gentils que les chrétiens, appelaient ceux-ci *goyim*.

Mais que ces *goyim* soient des payens ou non, n'est-il pas choquant qu'il y ait dans le Talmud des opinions pareilles sur les relations des Juifs avec les non-Juifs ? Assurément, cela nous choque fort aujourd'hui, mais les Talmudistes étaient de leur temps et de leur pays. Très souvent d'ailleurs les paroles blessantes du Talmud sont des paroles de douleur et d'indignation arrachées aux Juifs par les souffrances qu'ils enduraient. Lorsque Simon b. Yohaï, par exemple, s'écrie : « Le meilleur des goyim, tue-le ! » il n'a pas le moins du monde l'intention d'énoncer une règle de conduite éternelle, ni applicable à tous les goyim, il a en vue les Romains du temps d'Adrien, il a sous les yeux l'horrible spectacle de leurs cruautés et de leurs dévastations, et il est dans le cas de légitime défense lorsqu'il s'écrie : Le meilleur des Romains, il faut le tuer ! On comprendra de même quelques expressions un peu malsonnantes dont se servaient les Juifs du moyen âge pour désigner des objets vénérés par les chrétiens. Assurément les chrétiens de cette époque n'étaient pas en reste, sur ce point, avec les Juifs, et les injures sans nombre dont ceux-ci étaient accablés, étaient le moindre de leurs maux.

Christ, avec lequel les Talmudistes l'ont confondu plus tard et à tort. Voir aussi Kisch, dans *Monatsschrift*, 1874, p. 156. Voir aussi, même journal, 1878, p. 427, un article de M. Graetz, qui soutient que *Lod* (Lydda) serait située dans la banlieue de Jérusalem, ce qui résoudrait la question.

[*] Nous expliquons plus loin, dans les notes du commentaire des articles xiii et xiv, quel est le sens des institutions talmudiques relatives au serment et aux vœux. Disons seulement ici que dans le *Vikkuah* Nicolas Donin prétend, sans aucune raison, que ces passages s'appliquent aux serments et aux vœux faits par les Juifs dans l'intérêt des chrétiens. Cette assertion ne s'appuie absolument sur rien. Quant à la prière contre les hérétiques, les traîtres qui allaient livrer les Juifs aux Romains, etc., prière qui ne s'applique nullement aux chrétiens, elle avait survécu, comme un reste d'un autre âge, par la force de l'habitude, par respect pour la tradition, mais elle n'avait plus aucun sens ni aucune portée. La même chose est arrivée pour bien des lois talmudiques concernant les *goyim* qui ont été reproduites dans les écrits des rabbins du moyen âge, quoiqu'elles fussent depuis longtemps considérées comme tombées en désuétude.

On dira peut-être encore : Mais ces paroles ou ces lois des Talmudistes concernant les goyim de leur temps, les Juifs du moyen âge n'étaient-ils pas tentés de les appliquer à leurs contemporains chrétiens ? A coup sûr, il n'est pas impossible que dans les bas-fonds du judaïsme, chez les esprits non cultivés, ces passages du Talmud, illustrés par la conduite des chrétiens envers les Juifs, n'aient laissé une certaine trace, mais la grande doctrine morale du judaïsme les repoussait alors, comme elle les a toujours repoussés. Le judaïsme aurait succombé mille fois sous la persécution, s'il n'avait été de tout temps une haute école de religion et de morale. Nous avons là-dessus le témoignage de R. Yehiel lui-même, et on ne saurait le récuser. A Nicolas Donin, qui prétend que les Juifs observent encore de son temps ces prescriptions talmudiques, il répond (*Vikkuah*, f° 10) : « Il est dit qu'on doit nour-
» rir les pauvres des goyim comme les pauvres d'Israël, qu'on
» doit saluer le premier un goy..., qu'on doit visiter leurs malades
» comme les malades juifs, enterrer leurs morts comme les morts
» des Juifs... Tu sais, ajoute-t-il, que nous sommes attachés de
» tout cœur à notre loi, combien d'entre nous ont été lapidés, brû-
» lés, noyés, tués, égorgés pour la glorifier, et cependant nous
» nous permettons de faire avec les chrétiens tout ce qu'elle nous
» défend de faire avec les goyim. Elle dit : « Trois jours avant
» les ides (fêtes) des goyim vous n'aurez aucunes relations avec
» eux », eh bien ! va dans la rue des Juifs, tu verras combien
» d'entre eux font des affaires avec les chrétiens même les jours
» de fête chrétienne ; il est dit : « On ne met pas de bête dans
» les hôtelleries d'un goy », et tous les jours nous vendons des
» bêtes aux chrétiens, nous faisons avec eux des associations
» et des affaires communes, nous mettons nos enfants en nour-
» rice chez eux, nous leur apprenons la loi, car il y a nombre
» de clercs qui savent lire l'hébreu, etc. » Nous avons un témoignage plus touchant encore. Ce même Moïse de Coucy qui fut appelé à Paris, avec ses trois collègues, pour défendre le Talmud contre Nicolas Donin, est l'auteur célèbre d'un livre de morale religieuse appelé le *Grand Livre des Préceptes*, livre écrit uniquement pour les Juifs et lu uniquement par eux. Qu'on voie ce qu'il dit des relations des Juifs avec les chrétiens :

« Ceux qui mentent aux chrétiens (*goyim* a ici ce sens)
» ou les volent, sont considérés comme des profanateurs du
» nom de Dieu, car ils font que les chrétiens disent que les
» Israélites n'ont pas de loi, et il est écrit (Soph. iii, 13) :
» *Le reste d'Israël ne doit rien faire d'inique ni proférer*

*de mensonge, ni avoir dans la bouche une parole trom-
peuse* [1]. »

« Dans les relations commerciales, avec Juifs ou non-Juifs,
celui qui trompe sur le poids ou la mesure est coupable et
est obligé de restituer le vol ; il est de même défendu de
tromper les non-Juifs dans les comptes, mais il faut faire
attention de compter exactement avec eux, car il est écrit :
Il comptera avec son maître (Lév. xxv, 50). Et ceci, lors
même que le non-Juif est sous ta main, à plus forte raison
quand il ne l'est pas, car celui qui fait ces iniquités commet une abomination devant l'Eternel. Il est vrai qu'un docteur
du Talmud dit au chapitre *Hagozel* (f° 111) qu'il est permis de
garder un objet volé à un *goy* (payen), mais il a en vue un *goy*
qui persécute les Juifs, et même en ceci son opinion n'a pas été
adoptée comme loi par le Talmud.... Et j'ai vu dans la Tosefta
de Baba-Kamma (écrit rabbinique des premiers siècles) que
quiconque vole un *goy* doit restituer l'objet volé et qu'il est
plus sévèrement défendu de voler un *goy* qu'un Juif, à cause du
scandale [2].

» Celui qui cherche à ne pas payer l'impôt, est coupable, car
il vole le Trésor du roi, que ce roi soit un *goy* ou un Israélite [3].

» J'ai depuis longtemps prêché aux exilés d'Espagne et aux
autres exilés d'Edom [4] que, maintenant que l'exil se prolonge
outre mesure, les Israélites doivent (plus que jamais) s'abstenir
de toute iniquité et prendre en main le sceau de l'Eternel, qui
est *Vérité*, et ne pas mentir ni à un Israélite ni à un *goy* et ne
pas les tromper d'aucune façon [5]. »

Peut-on démentir plus nettement les accusations de Nicolas
Donin et confondre avec plus de bonne grâce les bourreaux du
Talmud ?

Il ne nous reste, après cet examen que nous aurions voulu
rendre plus court, qu'à dire encore quelques mots de notre manuscrit latin, de la façon dont nous avons transcrit le texte du
commentaire des 35 articles, enfin de notre système de traduction. Nous y joindrons quelques explications destinées à faciliter
l'intelligence du texte latin.

[1] *Grand Livre des Préceptes*, édit. Venise, 1547, f° 6, col. 1.
[2] *Ibid.*, f° 58, col. 2 ; cité déjà dans *Monatsschrift*, 1869, p. 199.
[3] *Ibid.*, f° 151, col. 2.
[4] Moïse de Coucy avait visité les communautés du sud de la France et celles de
l'Espagne, en qualité de prédicateur.
[5] *Grand Livre des Préceptes*, f° 152, col. 3.

Voici d'abord la table des matières du ms. des *Extractiones*. Les intitulés des chapitres sont pris aux inscriptions qui se trouvent au haut des pages ou quelquefois dans le corps du texte, à l'exception de celles qui sont entre deux crochets [ ] et que nous avons ajoutées.

[1] Le mot Prologus se trouve en tête des pages, mais au commencement de ce prologue se trouve le titre : Prefacio in Extratciones de Talmut.

[2] Ce prologue est exactement le même que celui qui se trouve en tête du manuscrit et qui ne paraît pas être là à sa place, car il y est immédiatement suivi du commencement des extraits de la seconde partie du manuscrit.

[3] Le traité appelé aujourd'hui *nesikin* portait aussi autrefois le nom de *yeschuot*.

Nous avons transcrit fidèlement le texte des articles, mais sans tenir compte des traits qui soulignent un grand nombre de passages et que nous avons dû remplacer le plus souvent par des parenthèses. Les passages entre crochets [ ], dans le texte latin et dans notre traduction, ont été ajoutés par nous. Les mots hébreux du texte latin ont été transcrits tels qu'ils sont dans le manuscrit, il suffit, pour les rectifier, de les lire dans les passages correspondants de notre traduction. Il faut remarquer que le texte latin transcrit le plus souvent le *d* par un *z*, soit que l'auteur ait confondu les deux lettres ד et ז, soit que les Juifs français eussent l'habitude de les confondre dans la prononciation, ce qui ne serait pas impossible, car elles sont de la même famille. Le *c* suivi de *a, o, u*, dans la transcription des mots hébreux qui sont dans le texte latin, doit très souvent se lire *ç*.

Pour la lecture des mots hébreux dans notre traduction, on voudra bien prendre note de la convention suivante : le *g* doit toujours se lire comme dans *ga, go*, et l'*u* est toujours un *ou*.

Les feuillets du manuscrit ayant chacun quatre colonnes, deux au recto et deux au verso, nous avons indiqué ces quatre colonnes respectivement par les lettres *a, b, c, d*.

Le manuscrit latin indique lui-même les ouvrages de la Bible et les chapitres où se trouvent les versets cités par le commentaire, nous avons ajouté partout, en chiffres arabes, le numéro du verset. Nous avons traduit ces versets, non pas d'après le sens qu'ils peuvent avoir dans la Bible et d'après le contexte, mais d'après le sens que leur donne l'auteur du commentaire.

Nous croyons enfin devoir donner ici, pour la facilité du lecteur, une table alphabétique contenant l'explication d'un certain nombre de mots hébreux qui reviennent souvent dans le commentaire, et celle de divers autres mots,

Aftarta. — Collection de chapitres des prophètes qu'on lit dans les synagogues, les samedis et jours de fête, après la lecture du Pentateuque.

Agadta. — Contes, légendes rabbiniques.

Darsat. — Verbe talmudique *darasch* (דרש), expliquer, enseigner, dire, avec désinence latine.

Goy (pluriel *goyim*). — Payens, gentils.

Halakha (plur. *halakhot*). — Loi ou recueil de lois religieuses des rabbins, par opposition à la *aggada*, qui n'a point de caractère obligatoire.

Loi. — La loi du Pentateuque.

Macecta. — Un traité du Talmud (V. *Mischna*).

Miaudent ou *Myaudent*. — C'est par ce mot que le manuscrit traduit ordinairement le mot talmudique תני, qui signifie répéter et est généralement employé pour annoncer une discussion ou opinion des docteurs de la Mischna. Le mot est français, du verbe miauder. En voici probablement l'explication. Les Juifs d'origine espagnole ont, pour désigner la lecture du Pentateuque dans les synagogues, l'expression *meldar la ley* ; les Juifs d'origine espagnole demeurant à Paris emploient dans le même sens le mot *melder*, et, si nous ne nous trompons, les Juifs allemands ont, pour cet usage, le verbe *melden*. Or *meldar*, *melder* ont pu et dû faire en français *meauder*, et, sous une forme dialectale, *miauder* [1]. Reste à savoir quelle est l'origine du mot. Le R. P. Fidel Fita, membre de l'Académie royale d'histoire de Madrid, nous dit que ce mot ne se trouve pas dans la langue espagnole et suggère qu'il pourrait bien dériver du bas latin *melodiare* ou du grec *meletan*. Cette conjecture, contre laquelle on peut faire de graves objections, a pour elle que la lecture du Pentateuque, aussi bien que l'étude du Talmud, s'est toujours faite et se fait encore aujourd'hui sur une espèce de cantilation qui est traditionnelle dans les synagogues et dans les écoles.

Micra, *mycra*. — Le Pentateuque ou la Bible entière.

Mischna. — La *mischna* est le texte dont la guemara est le commentaire. La *mischna* et la *guemara* réunies forment le Talmud. Elle est divisée en 6 ordres (*séder*, plur. *sedarim*) ; chaque ordre est subdivisé en traités (*macecta*), et chaque traité en chapitres (*pérec*).

Paçuc. — Verset ou texte de la Bible.

Patur. — Il est quitte, absous.

Pérec. — Chapitre (V. *mischna*).

Séder. — Ordre (V. *mischna*).

Tora. — Pentateuque.

Ces explications suffisent pour comprendre un grand nombre

[1] Nous remercions MM. Joseph Halévi, A. Darmesteter et le R. P. Fidel Fita, du concours qu'ils nous ont prêté pour l'explication de ce mot. Cf. *mader*, dans l'*Élégie* publiée par M. Darmesteter, Revue, t. II, p. 206, dernière note.

de passages du commentaire dont nous allons maintenant donner le texte et la traduction. Nous le faisons suivre de la Confession de R. Yehiel et de R. Juda, quoiqu'elle ait déjà été imprimée[1] parce qu'elle est nécessaire pour la discussion que nous avons faite des accusations contre le Talmud.

Nous voudrions encore appeler l'attention sur la partie de notre ms. intitulée De Krubot (f° 206 *a* à f° 211 *b*). Dans la table des matières que nous avons donnée un peu plus haut (p. 16), nous avons indiqué que ce mot est la transcription du mot קרובות (Kerobot, au singul. Keroba). Ce mot désigne des poésies liturgiques intercalées le plus souvent dans la prière des Schemoné-Esré (18 bénédictions) du matin, quelquefois aussi, mais plus rarement, dans celle du soir (Maarib). Mais en étudiant de plus près cette partie de notre manuscrit, nous nous sommes aperçu qu'il ne fallait pas prendre ici ce mot dans ce sens étroit, et qu'il désigne dans notre ms. toutes sortes de poésies et de pièces liturgiques. Dans le corps du texte, cette partie du ms. porte en titre ces mots : De libro Krubot ; les citations de ce chapitre sont empruntées à toutes les parties du recueil des prières. Le mot קרובה (Keroba) a donc ici un sens général, à peu près comme le mot מחזור (Mahzor) usité de nos jours et qui désigne le recueil des prières (principalement des poésies liturgiques) et les livres qui contiennent ces prières.

Voici, du reste, ce que l'auteur des *Extralciones* dit, dans le Prologue de cette partie de l'ouvrage (f° 98 *d*) : « Porro de kruboz quodam videlicet libro quo quasi collectario in suis utuntur synagogis, quasi transcurrendo quasdam excerpsi nephandas blasphemias in Xpistum et matrem eius, scilicet et multas imprecaciones et denotaciones pessimas et nequissimas quas loco oracionum... in sinagogis cotidie faciunt et ubique. » Ce livre est donc bien le livre contenant toutes les prières de l'année.

Une étude approfondie de cette partie de notre ms. serait intéressante à plus d'un titre, mais ne peut trouver sa place ici. Nous nous bornerons à quelques indications sommaires.

Les extraits du livre des Krubot sont pris dans les passages des poésies liturgiques où l'auteur des Extractiones croyait voir des allusions malveillantes contre les chrétiens. Plus d'un de ces passages a dû disparaître depuis de la littérature juive, grâce à la vigilance de la censure. Ces extraits sont généralement traduits avec exactitude, quelquefois cependant, lorsque l'auteur rencontre des allusions, très fréquentes dans ces poésies liturgiques, à des

---

[1] Par M. Kisch, dans la *Monatsschrift*. 1874.

légendes ou contes du Midrasch, ces allusions étant ordinairement des plus obscures, il prend bravement le parti de paraphraser au lieu de traduire. Ces paraphases sont peut-être souvent empruntées à des commentaires hébreux qui accompagnaient le texte des prières. Des commentaires pareils se trouvaient probablement dans les livres de Kerubot que l'auteur a eus entre les mains, car souvent, après avoir traduit un passage des Kerubot, il le commente par une glose authentique ou non de Raschi et qu'il a dû trouver à côté du texte.

Les extraits commencent par le *yocer* du sabbat de *Sekalim* : « אל מתנשא לכל לראש... Tu, Domine, es super omnes principes... » Puis vient le Midrasch du sicle de feu que Dieu a montré à Moïse, pour expliquer les mots ותראהו כמין מטבע du même *yocer*. Ensuite, la traduction des mots « צרידם ימעטו... Angustiatores eius minorentur... » Plus loin, l'explication du passage « מסאם... Labor omnis filiorum Israel..., » dans la *Keroba* du même samedi ; puis la traduction des mots « אלפים וארבע מאות בעולם מאריכה... Lex maior est toto mundo bis millesies quadringentesies... » du *Silluk* du même samedi, avec midraschim. Plus loin (f° 206 *d*), viennent des extraits des poésies liturgiques du sabbat de *Zakhor*, toujours entremêlés de légendes du Midrasch. F° 207 *a*, un midrasch relatif à la vache rousse, pour le sabbat de *Para. Ibid.*, la traduction du passage פורדה אלהי הזרחורה du *yocer* du sabbat *ha-Hodesch*. La suite contient sans doute des extraits des prières de la fête de la Pâque, car f° 207 *c* se trouve la traduction du morceau « קבעת כוס התרעלה Et fecibus calicis soporis potabit illos... » du 8° jour de Pâque, selon le Mahzor imprimé à Augsbourg, en 1536 ; *ibid.*. un midrasch sur la loi qui ne peut être proclamée ni par Adam, ni par Noé, ni par les patriarches, mais par Moïse, midrasch qui se rapporte sans doute à une prière de la fête de Pentecôte, qui est aussi la fête de la proclamation de la loi. F° 208 *b*, un midrasch sur le verset de « Moïse parlait et Dieu lui répondait » (Exode, xix, 19) relatif à la même fête. F° 208 *c*, la mischna des dix choses créées la veille du sabbat (*Abot*, V, 9). F° 210 *b*, en marge : « Oracio in ros hasana », prière de la fête du premier de l'an. « Sicut investigat pastor gregem suum... », c'est la traduction du כבקרת רעה עדרי du נתנה תקף. *Ibid.*, dans le texte : « In vespere expiacionis fit protestacio sequens ut obligaciones tocius anni non valeant. Suit la traduction du *Kol-Nidré* de la veille du jour des Expiations[1]. F° 210 *c :* « In Kruba magni sabbati dicitur... » C'est le sabbat

---

[1] M. Grætz, VIII, 2° éd., p. 122, note, dit qu'il n'a rencontré qu'au colloque de Tortose (1412) une accusation contre les Juifs fondée sur le Kol-Nidré.

qui précède la Pâque. *Ibid.*, un passage où sont énumérés les méfaits religieux des *goyim* et dont chaque phrase commence par le mot « goyim ». Ce passage, qui paraît être composé de deux morceaux différents, est imprimé dans Eisenmenger, I, p. 134, et II, p. 142. F° 211 *a* : « In mane cotidie dicunt hanc Kruba in oracione : Pater noster, pater pietatis... », passage de la אהבה du matin : plus loin : « In vespere autem dicunt : Amor seculi, domum Israel, gentis tue dilexisti... », c'est le אהבת עולם du soir. *Ibid.*, « In Kruba sabbati de vitula rufa dicitur... »; suit le midrasch où il est raconté que Dieu étudie la règle de R. Eliézer, concernant la vache rousse. Là s'arrêtent les extraits du livre des Kerubot.

Après cette longue digression, nous revenons à notre commentaire des 35 articles de la Bulle. En voici le texte[1] :

Prologus in secundam partem.

[F° 211 *b*].... Anno enim ab incarnacione Domini M° CC° XXXVI° circiter, pater misericordiarum Iudeum quemdam nomine Nicholaum Do[nin] de Rupella[2] vocavit ad fidem in hebreo plurimum eruditum eciam secundum testimonium Iudeorum, ita ut in natura et gramatica sermonis ebraici vix sibi similem inveniret. Hic accessit ad sedem apostolicam et bone memorie Gregorii pape, pontificatus eius anno XII°, predictorum librorum nephandam detexit maliciam et quosdam specialiter expressit articulos super quibus ad reges Francie. Anglie et Hyspanie litteras apostolicas impetravit, ut si in prefatis libris contingeret talia reperiri, igni facerent eos tradi. Collectis igitur auctoritate regia de toto regno Francie cunctis libris Talmut [f° 211 *c*] et Parisius deductis, una die combusti sunt ad XIIII quadrigatas et sex in alia vice. Predictos itaque libet articulos inprimis hic scribere, singulisque preponere verba transcripti papalium litterarum, quarum in fine huius operis transcripta reperies verbi causa.

---

[1] En marge du commentaire se trouvent quelquefois des mots qui renvoient ordinairement à la première partie du ms.. et dont nous donnons ici la liste :
Près du n° des articles X. XII, XXVIII et XXIX, le mot *goy*. — Vers la fin de l'art. XV, près du n° des articles XIX, XX, XXI, XXIV, XXV et XXVI, le mot *blasfema ;* — près du n° des articles XXIII, XXXI et XXXIII, le mot *error;* — près du n° XXXII, les mots *non, error*.

[2] Echard a lu *dictum de Rupella*, mais nous croyons que le mot fait bien *Donin*. Ce Donin est comparé à Zimri dans ס׳ הכריירד, ms. appartenant à M. Halberstam (Güdemann, *Geschichte des Erziehungswesens*, p. 78).

[DE ARTICULIS LITTERARUM PAPÆ.]

I⁰. ASSERUNT IUDEI LEGEM QUE TALMUT DICITUR DOMINUM EDI-
DISSE. In cezer *Mohed*, in macecta *Sabaz*, in perec *Bama madlikym*
[quod interpretatur : in quo illuminantes), dicitur sic : « Miaudent
» (i. e. dicunt) magistri : Accidit in quodam *goy* (gentili) quod venit
» coram Samay dixitque ei : Quot leges vobis ? Respondit : Due,
» una in scripto, alia in ore. »

Ad idem in eodem libro, in macecta *Ioma* (quod interpretatur :
dies), in perec *Amathem hamune* (quod interpretatur : dixit eis balli-
vus), dicit Rab : « Affirmavit Abraham pater noster totam legem,
» sicut scriptum est : *Quia audivit vocem meam et custodivit custodiam
» meam, consuetudines meas et leges meas* (Gen. XXVI, 5). » Et infra :
« Dicit Rab Asse : Tenuit Abraham pater noster commixtiones coqui-
» narum. » — Glosa : « Que non erant dande per Moysen in Syna,
sed per scribas instituende, sicut dictum est : *Leges meas*, duas
leges, unam de verbis legis, et unam de verbis scribarum. »

Item in cezer *Iessuhot*, in macecta *Cenhezerim*, in perec *Helech* :

---

1. LES JUIFS AFFIRMENT QUE LA LOI QU'ILS APPELLENT TALMUD A ÉTÉ
PROMULGUÉE PAR DIEU. Dans l'ordre de *Moëd*[1], traité de *Sabbat*, chapitre
Bamé-Madlikin (Avec quoi allume-t-on), il est dit[2] : « Les rabbins miau-
» dent (disent) : Il arriva qu'un goy (payen) vint devant [le célèbre rabbin]
» Sammaï et lui dit : Combien avez-vous de lois ? Sammaï répondit : Deux,
» une loi écrite et une loi orale. »

Sur le même point, dans le même livre [ordre], traité de *Yoma*[3] (jour),
chapitre *Amar lahem hamemuné* (le bailli leur dit), Rab dit : « Abraham
» notre père observait [déjà] toute la Loi[4], comme il est écrit : *Il a écouté
» ma voix et gardé mes observances et mes lois*, etc. Rab Assé dit : Abraham
» notre père observa [même] les *Erubé tabschilin*[5]. » — Glose : « Lesquels
(éroubé tabschilin) n'étaient [même] pas destinés à être ordonnés par Moïse
sur le Sinaï, mais devaient être institués plu⸱ tard par les scribes[6],
comme il est écrit : *Mes lois* [au pluriel], deux lois, une de la Loi [propre-
ment dite, le Pentateuque], une de la loi orale (des scribes[7]). »

Même point. Dans l'ordre de *Yeschuot*, traité de *Sanhédrin*[8], chap. *Hélec* :

---

1 Les citations sont toutes empruntées au Talmud de Babylone. Nos additions
au texte du ms. sont entre crochets.

2 F° 31 *a*.

3 F° 28 *b*.

4 Quoiqu'elle n'ait été promulguée que plus tard, sur le Sinaï.

5 Mot-à-mot, comme le texte latin, *mélange de mets*, formule pour désigner une
cérémonie introduite dans les temps talmudiques et où figurent plusieurs mets.

6 Ici s'arrête la glose de Raschi dans le Talmud. Scribes, ce sont les rabbins
appelés *Soferim*, qui ont vécu au commencement de la période du second temple.

7 Il y avait peut-être dans le texte hébreu traduit : אחת מדברי תורה ואחת
מדברי סופרים.

8 F° 99 *a* et *b*.

« Eciam si dicat : Tota lex de celo, excepto hoc puncto, hoc *calva-*
» *homer* (i. e. leve et grave, quod nos dicimus locum a maiori vel
» minori), vel ista *gyeza sava* (quod est de-[f° 214 d]-cisio equalis,
» id est locus a simili), hoc est : *Sermo Domini contemptus est* » (q.
d. ille est de quo scriptum est : *Verbum Domini contempsit et pre-*
ceptum eius fecit irritum, idcirco delebitur, etc. (Num. xv, 31.)

II[us]. DE VERBO DOMINI DICUNT TRADITAM. Hoc legitur in *Brakot*,
in primo perec : « Dicit Rby Levy : Quid est quod scriptum est :
» *Et dabo tibi tabulas lapideas et legem ac mandata que scripsi ad*
» *docendum ea* [Ex. XXIV, 12] ; *tabulas lapideas*, i. e. legem ; *legem*,
» i. e. mysna ; *mandata*, i. e. consuetudines et precepta ; *que*, i. e.
» ludices ; *scripsi*, i. e. Mykara (Hystoriographa et Prophetas) ; *ad*
» *docendum ea*, i. e. Talmud ; docens quod omnia ista fuerunt
» *halaka* (leccio) Moysi in Syna. »
Ad idem in cezer *Mohed*, in macecta *Meguilla* (quod interpretatur
rotulus), in perec *Hacore et hameguilla* : « Quid est quod scriptum
» est : *Dedit mihi Dominus duas tabulas lapideas et super eas sicut*
» *omnia verba que loqutus est vobis, etc.* (Deut. IX, 10) ? Docens quod

---

« Quand même quelqu'un dirait : Toute la Loi vient du ciel [de Dieu],
» sauf ce point [1], ce Kal-va-Homer (léger et grave, comme nous dirions :
» raisonnement *à fortiori*) ou cette *gezéra-sava* (égalité, c'est-à-dire ana-
» logie), c'est là [le délit indiqué par ces mots] : *La parole de Dieu a été*
» *méprisée* ; » c'est de lui qu'il est écrit : *Il a méprisé la parole de Dieu et violé*
ses préceptes, il sera exterminé, etc.

II. ILS LA DISENT TRANSMISE PAR DIEU [la loi talmudique]. Ceci se lit
dans *Berakhot* [2], chapitre Ier : « Rabbi Lévi dit : Que signifient ces mots
» de la Loi : *Je te donnerai des tables de pierre, et une loi et des ordonnances*
» *que j'ai écrits pour les enseigner* [3] ? Des tables de pierre, c'est la Loi ; une
» loi, c'est la Mischna [4] ; *des ordonnances*, ce sont les usages et les préceptes ;
» *que*, ce sont les Juges ; *j'ai écrits*, c'est le *micra* (les Hagiographes et les
» Prophètes) ; *pour les enseigner*, c'est le Talmud ; ce qui nous apprend que
» tout cela est *halakha* (leçon [précepte]) de Moïse venant du Sinaï [5]. »
Même point. Dans l'ordre de *Moëd*, traité *Megilla* [6] (rôle [rouleau]), chapitre *Hacoré et ha-megilla* : « Que signifie ce qui est écrit : *Dieu m'a donné*
» *deux tables de pierre sur lesquelles se trouvaient* [des préceptes] *conformes à*
» *toutes les paroles qu'il vous avait adressées ?* Cela indique que Dieu montra

---

[1] זוד לקדוק. Cela peut signifier ce *point* ajouté par les docteurs au texte de
la loi (il y en a un certain nombre au-dessus des lettres), ou bien ces *corrections*
ou *modifications* faites par les docteurs au texte (il y en a aussi plusieurs). C'est à
tort que le ms. latin a souligné les mots *hoc punctum*.

[2] F° 5 a.

[3] Il faut traduire : pour les leur enseigner, en latin : ad docendum eos.

[4] Le code de la *Mischna*, terminé par Juda le saint en Palestine vers 190, et
qui sert de texte aux études de la Guémara.

[5] Le passage est très différent dans nos Talmuds : *les tables*, ce sont les dix com-
mandements ; *une loi*, c'est le micra ; *le précepte*, c'est la mischna ; *que j'ai écrits*,
ce sont les prophètes et les hagiographes ; *pour les enseigner*, c'est le Talmud.

[6] F° 19 b.

» Deus ostendit Mosse puncta legis et puncta scribarum et ea que
» scribe erant expectantes ad renovandum. » Puncta scribarum,
i. e. tradiciones, vocant legem super os, i. e. Talmut.

III[m]. ET INSERTAM EORUM MENTIBUS (menciuntur). Hoc legitur in
ceser *Nassym*, in macecta *Guytin* (quod interpretatur libelli
repudii), in perec *Hanyzakym* (i. e. dampnati), ubi dicitur : « Darsat
» (i. e. gloset) Iudas, filius Nahaman, discipulus Relaky's : Scrip-
» tum est : *Scribe tibi verba hec, quia super os verborum istorum pepigi*
» *tecum pactum et cum Israel* (Ex. XXXIV, 27). Istud quomodo ?
» Scilicet hoc est : Verba que sunt in scripto, tu non [f° 212 a]
» potes dicere ore (i. e. verba Biblie non potes dicere ore, corde
» tenus, nisi in libro), verba super os (i. e. Talmud) non potes
» dicere in scripto. De domo Rby Hysmael dictum est : Ista tu
» scribens (verba Biblie), sed non scribes *Halakod* (i. e. Talmud).
» Dicit Rby Iohan : Non pepigit Deus fedus cum Israel nisi propter
» verba super os (i. e. Talmud), sicut scriptum est : *Quia super os*
» *verborum istorum pepigi tibi pactum et cum Israel.* »
   Ad idem in cezer *Iessuhot* in macecta *Bava Mecia* (i. e. Porta

---

» à Moïse les points de la Loi [Pentateuque] et les points des scribes et ce
» que les scribes devaient plus tard [1] innover [2]. »

   III. ET QU'ELLE EST GRAVÉE DANS LEUR ESPRIT (mensonge !). C'est ce
qu'on lit dans l'ordre de *Naschim*, traité de *Gittin* [3] (act. de divorce),
chapitre *ha-Nizakin* (les condamnés), où il est dit : « Judas, fils de
» Nahman , élève [4] de *Résch-Lakisch* [5], « darsat [6] » [dit en forme de
» glose] : Il est écrit : *Mets-toi par écrit ces paroles, car c'est suivant ces*
» *paroles* [7] *que j'ai conclu une alliance avec toi et avec Israël.* Comment cela
» (qu'est-ce à dire) ? Cela veut dire que les paroles qui sont écrites dans la
» Loi, tu ne dois pas les dire de mémoire [8] (les paroles de la Bible ne
» peuvent pas être dites de mémoire, par cœur, mais il faut les lire dans
» le livre); les paroles de la loi orale (le Talmud), tu ne dois pas les dire
» dans le livre [ne pas les écrire]. Dans l'école de Rabbi Ismael on a dit :
» Celles-là (les paroles de la Bible) tu peux les écrire, mais tu n'écriras pas
» les *halakhot* (Talmud). R. Yohanan dit : Dieu n'a contracté d'alliance avec
» Israël qu'en vertu des paroles orales (le Talmud), comme il est écrit : *Car*
» *c'est suivant ces paroles que j'ai contracté un pacte avec toi et avec Israël.* »
   Même point. Dans l'ordre de *Yeschuot*, traité *Baba Meciya* [9] (porte du

---

   [1] C'est là le sens de *expectare*, que l'auteur emploie souvent ainsi pour traduire
les mots ...ל עתיד, qui indiquent seulement que le verbe qui suit est au gérondif.
   [2] Sur le sens du mot קדודקים, traduit par *point*, voir la note 1, p. 205.
   [3] F° 60 b.
   [4] Le texte du Talmud a : meturgeman (interprète) de...
   [5] Rabbi Siméon b. Lakisch.
   [6] C'est le mot hébreu דריש, *darasch*, avec désinence latine.
   [7] Le latin « super os » traduit les mots על פי הדברים האלה, sur la bouche, le
texte, la teneur de ces paroles.
   [8] על פה.
   [9] F° 33 a.

media), in perec *Illumecios* (i. e. iste invenciones), in fine, ibi dicitur :
« Miaudent (i. e. dicunt) magistri : Qui studet in Mikara (Biblia),
» modus est et non ille est modus. — Glosa : « Modus est quoad
quid, sed non modus simpliciter, quia Mysna et Talmut meliores
sunt quam Michara (Biblia), quia non nisi corde tenus addiscuntur
et oblivioni traduntur ; in diebus enim ipsorum (magistrorum) non
erat Talmus scriptus nec concessus ad scribendum, sed ex quo
corda (ingenia) minorata sunt, ceperunt antecessores nostri scribere
Talmud. »

IV^{us}. DICUNT ECIAM EAM TAMDIU SINE SCRIPTIS SERVATAM, DONEC
QUIDAM VENERUNT, QUOS SAPIENTES ET SCRIBAS APPELLANT, QUI EAM,
NE PER OBLIVIONEM A MENTIBUS HOMINUM LABERETUR, IN SCRIPTURAM
CUIUS VOLUMEN IN INMENSUM EXCEDIT TEXTUM BIBLIE REDEGERUNT.
Hoc legitur in cezer *Nassym*, in macecta *Guitym*, in perec *Haniza-
kim*, ubi dicitur : « Rava et Rab Ioceb dicunt ambo : Iste liber de
» Aftarta (liber est leccionum sumptarum de Biblia in quo legitur in
» [f° 212 *b*] synagoga), vetitum est legere in ipso. Quare ? Quia non
» fuit datus ad scribendum. » — Glosa : Quia non fuit concessum
scribere de Mykara (Biblia) minus quam librum integrum. — « Mor

---

milieu), chapitre *Ellu meciyot* (voici les objets trouvés), à la fin, il est dit :
« Les rabbins miaudent (disent) : Apprendre le Micra (Bible), c'est et ce
n'est pas un mérite. » — Glose : « C'est jusqu'à un certain point un mérite,
mais non un vrai mérite, car la Mischna et le Talmud valent plus
que le Micra (la Bible), car ils ne peuvent être appris que de mémoire[1] et
peuvent être oubliés; car de leur temps (du temps des anciens rabbins) le
Talmud n'était pas écrit et il n'était pas permis de l'écrire, mais depuis
que les cœurs (les intelligences, la mémoire) se sont affaiblis, nos ancê-
tres[2] se sont mis à l'écrire. »

IV. ILS DISENT AUSSI QUE LA LOI DU TALMUD A ÉTÉ CONSERVÉE SANS
ÊTRE ÉCRITE JUSQU'A CE QUE VINRENT DES HOMMES QU'ILS APPELLENT DOC-
TEURS ET SCRIBES, QUI, DE PEUR QU'ELLE NE DISPARÛT, PAR OUBLI, DE
LA MÉMOIRE DES HOMMES, LA RÉDIGÈRENT EN UN ÉCRIT DONT LE VOLUME
DÉPASSE CONSIDÉRABLEMENT LE [CELUI DU] TEXTE DE LA BIBLE. Ceci se
lit dans *Naschim*, traité de *Gittin*[3], chapitre *ha-Nizahin*, où il est dit :
« Rabha[4] et Rab Joseph disent tous deux : le livre d'Aftarta (livre conte-
» nant des lectures choisies de la Bible et dans lequel on lit dans la
» synagogue), il est défendu d'y lire[5]. Pourquoi ? Parce qu'il n'est pas per-
» mis de l'écrire. » — Glose : « Parce qu'il n'a pas été permis d'écrire du

[1] מספר שתלויין בגירסה, dit Raschi, ce qui pourrait bien signifier : parce que le
sens y dépend des variantes, des leçons différentes du texte.
[2] Raschi : דורותינו, nos générations. Est-ce que l'auteur aurait eu la leçon
אבותינו, nos pères ?
[3] F° 60 *a*.
[4] Nos éditions ont רבה Rabba.
[5] Nos éditions ajoutent : le samedi.

» filius Rab Asse dicit : Vetitum est accipere *menier* (i. e. manuale
» dictum legendarium). Quare ? Quia non est conveniens legere in
» eo. Quia Rby Iohan et Relakys respiciunt in libro de *Agaza*. »
(*Agaza* dicitur exposicio verborum Biblie per Talmud). — Obicit :
» Et numquid datum est ad scribendum ? (Non), sed ex quo non
» potest esse (glosa : quia scribatur, ex quo corda (ingenie) mino-
» rata sunt et lex oblivioni traditur), *tempus faciendi Domino, dis-*
» *sipaverunt legem tuam* » [Ps. CXIX, 126] ; — Glosa : Tempus est
scribendi Domino, ne tradatur oblivioni, propter hoc dissipaverunt
legem tuam, quia scribunt eam, licet prohibuisses — « Similiter
» hic, ex quo non potest aliud et aliter esse, *tempus faciendi Domino,*
» *dissipaverunt legem tuam.* » — Glosa : « Sicut supradictum est de
libro *Agaza*, quod potest scribi, quia aliter non potest esse sine
oblivione, eadem racione liber *Aftarta* scribi potest, quia quellbet
synagoga non potest habere Bibliam integram. »

Vᵘˢ. IN QUA INTER CETERA INANIA CONTINETUR, QUOD DICTI SAPIEN-
TES ET SCRIBE MELIUS VALENT QUAM PROPHETE. Hoc legitur in cezer
Iessukot, in macecta *Bava Batra* (quod interpretatur Porta ultima),

---

» Micra (Bible) moins d'un livre entier[1]. — « Mar, fils de Rab Asché dit : Il
» est défendu de recevoir un menier[2] (manuel ou cahier). Pourquoi ? parce
» qu'il ne peut pas servir à y lire, [mais cela est faux, on peut y lire
» et on peut le porter le samedi[3]], car Rabbi Yohanan et Rèsch-Lakisch
» consultent parfaitement le livre d'Agadta[4] (exposition des paroles de
» la Bible par le Talmud). » — Objection : « Cependant il n'est pas permis
» d'écrire un tel livre ? [Réponse :] Non, sans doute, mais depuis qu'il est
» impossible (glose: de ne pas l'écrire, parce que la mémoire s'est affaiblie
» et la loi est oubliée), *au temps d'agir pour [la gloire de] Dieu, on a aboli*
» *la loi »* ; — Glose : Il est temps de l'écrire pour Dieu, de peur qu'elle
ne soit oubliée, c'est pour cela qu'ils ont aboli ta loi et l'écrivent, quoique
tu l'aies défendu[5] — « de même ici [pour la Aftarta], puisqu'on ne peut pas
» faire autrement que de l'écrire, *au temps d'agir pour Dieu, ils ont aboli ta*
» *loi.* » — Glose : « Comme on vient de dire du livre d'Agadta, qu'on peut
l'écrire, parce qu'autrement elle serait oubliée, de même on peut écrire le
livre [de morceaux choisis] d'Aftarta, car chaque synagogue ne peut pas
se procurer une Bible complète[6]. »

V. DANS LAQUELLE [LOI TALMUDIQUE] SE TROUVE, ENTRE AUTRES ABSUR-
DITÉS, QUE LESDITS DOCTEURS ET SCRIBES SONT SUPÉRIEURS AUX PRO-

---

[1] Cette glose n'est pas dans le Raschi de nos éditions.
[2] Je ne sais ce que c'est. Nos textes sont tout différents, ils disent : il est même
défendu de déplacer [le samedi] un tel livre, puisqu'il ne peut pas servir.
[3] Nous rétablissons ce passage, évidemment omis dans notre ms. et sans lequel
la suite n'a pas de sens.
[4] Le texte du Talmud ajoute : le samedi.
[5] Ce passage paraît être une traduction libre de Raschi.
[6] Même observation.

in primo perec (i. e. capitulo) : Dicit Rab Uvzim (lege : Avzim) : « A
» die qua domus sanctuarii fuit deserta, accepta est prophecia a
» prophetis et data est sapientibus. » Obicit : « Sapiens nonne est
» propheta ipse ? Eciam, sed quamvis assumpta fuerit a prophetis,
» a sapientibus non fuit accepta. Dicit [f° 212 c] Amemar : Et sapiens
» melior est quam propheta. »

VI⁰⁰. ET VERBA LEGIS SCRIPTE DESTRUERE POTUERUNT. Hoc legitur
in cezer *Nassym*, in macekta *Ievamoz*, in perec *Haissa sehalach* (quod
interpretatur : Mulier que ivit), ibi dicitur : « Nonne conveniunt ad
» eradicandum verbum legis ? » Respondit et probat quod sic ;
postea pluries querit et pluries probat ; in fine dicit sic : « Sede et
non facias variatum est. » — Glosa Salomonis : « Quia de preceptis
faciendi (i. e. affirmativis) possunt scribere (lege : scribe) precipere
quod sedeat et non faciat, quia non est ibi eradicamentum faciendo,
sed obmittendo, per se enim eradicantur. » — « Dixit ei : Volui
» tibi obicere VII modis, » quorum unus est de lege qua preci-
pitur quod iubilent prima die VII mensis, et scribe prohibuerunt quod die sabbati non fiat hoc. Dicit enim Rava quia fortassis
obliviscerentur portare tubas in synagoga et sic oporteret eas

---

PHÈTES. Ceci se lit dans l'ordre de *Yeschuot*, traité de *Baba Batra*[1] (dernière porte), 1ᵉʳ pérec (chapitre). « Rabbi Abdimé dit[2] : Depuis le jour où le
» temple a été détruit, le don de prophétie a été enlevé aux prophètes et
» donné aux docteurs. » Objection : « Le docteur n'est-il pas lui-même un
» prophète ? » [Réponse] : « Oui, mais quoique ce don ait été enlevé aux
» prophètes, il n'a pas été donné aux docteurs. Amémar dit : Le docteur
» est supérieur au prophète. »

VI. ET ILS [LES DOCTEURS] ONT PU RENVERSER LES PAROLES DE LA LOI.
Ceci se lit dans *Naschim*, traité de *Yebamot*[3], chapitre *ha-Ischa schéhalach*
(la femme qui est allée[4]), où il est dit : « N'est-il pas permis de renverser
» la parole de la Loi ? » Le Talmud répond et prouve que oui, ensuite il
fait plusieurs questions et donne plusieurs preuves, et à la fin il s'exprime
ainsi : « S'abstenir et ne rien faire, c'est autre chose. » — Glose de Salomon
[Raschi] : « Pour les préceptes qui ordonnent d'agir (préceptes positifs), les
scribes peuvent permettre de s'abstenir et ne rien faire, parce que ce n'est
pas renverser la Loi de ses propres mains[5], mais par simple omission, de
sorte qu'elles tombent d'elles-mêmes. » — L'adversaire répond : « Je voulais
» t'objecter sept cas, » et un de ces cas concerne la loi qui ordonne de
sonner de la trompette le premier jour du septième mois, et les scribes
ont défendu de faire cela le samedi, parce que, dit Rabha, on pourrait

---

[1] F° 12 *a*.
[2] Le texte du Talmud : R. Abdimé de Caïffa.
[3] F° 89 *b* à 90 *b*.
[4] Le ms. traduit littéralement les mots sans s'inquiéter du sens qu'ils ont dans la
phrase, où il y a אשה שהלך בעלה, la femme dont est allé le mari...
[5] בידים dit le texte.

querere et deferre per vicos, quod esset grande peccatum, ut legitur in libro *Mohed*, in macecta *Chuca*, in perec *Iubal* (lege : Lulab) *vaharara* ; alius modus est *vulab* (lege : Lulab) (i. e. palma) quam prohibet idem Rava accipere eadem racione XV° die mensis VII, scilicet in festo Tabernaculorum, quod tamen precipit lex (Lev. XXIII). Alii Vque modi similiter sunt preceptorum faciendi que magistri fieri prohibuerunt : « Modo quod mihi respondisti ? Sede et » non facias eradicare non est ? omnia hec sunt Sede et non facias. » — Glosa est : « Ex quo respondisti mihi quod sapientes prohibere possunt precepta faciendi, quoniam Sede et non facias non est eradicare, omnia que volebam tibi [f° 212 d] obicere talia sunt, unde Sede et non facias est in illis, propter quod non possum ista tibi obicere. »

Ad idem in cezer *Mohed*, in macecta *Roshasana* (i. e. caput anni), in perec *Ymen makyrym*, ibi legitur : « Quid docet dicere : *Vos, vos,* » *vos* (Lev. XXIII, 2, 3, 7) ; *vos*, eciam ignorantes ; *vos*, eciam scientes ; » *vos*, eciam errantes. » — Glosa : « Super sollempnitatibus scriptum est : *Hii sunt termini Dei quos vocabitis eos* ; pro *eos* est in hebreo *ocem* ter, et fingunt de *ocem* ATEM, quod est *vos*. Dicitur autem ibi *vos* ter, ad docendum nos quod scribe possunt mutare

---

oublier de porter d'avance les trompettes à la synagogue [1], il faudrait les chercher [le samedi] et les porter par les rues, ce qui serait un grand péché, comme on le lit dans le livre de *Moëd*, traité de *Succa*, chapitre *Lulab va-araba*. Un autre cas [des sept ci-dessus] est celui du lulab (palme) que ce même Rabba défend de porter pour la même raison le 15° jour du 7° mois, à la fête des Tabernacles, comme la Loi l'ordonne cependant. Les cinq autres cas sont de même des préceptes positifs que les rabbins ont défendu [dans certains cas] d'observer : « Maintenant que tu m'as répondu » que s'abstenir et ne rien faire [d'une loi positive], ne s'appelle pas ren- » verser cette loi, [toutes mes objections tombent, car] tous ces sept cas sont » des cas d'abstention. » — Glose : « Puisque tu m'as répondu que les sages peuvent défendre d'exécuter des préceptes positifs, parce que s'abstenir et ne rien faire, ce n'est pas renverser la loi, tous les cas que je voulais t'objecter sont de cette espèce, il y a en eux un simple précepte de s'abstenir et ne rien faire, c'est pourquoi mon objection tombe [2]. »

Même point. Dans l'ordre de *Moëd*, traité de *Rosch ha-schana* [3] (commencement de l'année), chapitre *Im ên makkirin*, on lit : « Que veut nous » enseigner la Bible [4] en disant trois fois *vous, vous, vous ? Vous*, même ceux » qui pèchent par inadvertance ; *vous*, même ceux qui pèchent sciem- » ment ; *vous*, même ceux qui pèchent par erreur. » — Glose : « Il est écrit, au sujet des fêtes : *Voici les époques de Dieu*, LESQUELLES *vous annoncerez* ; pour *lesquelles* il y a dans l'hébreu OTAM trois fois, et les rabbins, de cet

---

[1] *Porter* est un travail défendu le samedi.

[2] Cette glose paraît être une amplification de l'auteur du ms.

[3] F° 25 *a*.

[4] L'auteur du ms. avait-il מאי דהוא אומר au lieu de הרי הוא אומר ? D'après les Dikduké Soferim de Rabbinovicz ces mots seraient simplement à supprimer.

terminos festorum. *Ignorantes, scientes, errantes : ignorantes, cum
non possint invenire novilunium per quod vere possint cognoscere
diem festi, et per talem ignoranciam alia die celebrant, hoc datur
intelligi per primum vos ; per secundum vos eciam scientes, quod
possunt festa mutare et scienter et voluntate propria et mandato ;
per tercium vos eciam errantes datur intelligi, quod si aliquorum
decepti testimonio crediderint fuisse novilunium quando non fuerit
et tunc celebraverint festum, ratum est quod fecerunt. » Unde per
hunc modum mutaverunt omnia festa sua.

Ad idem in eodem loco. « *Hii sunt termini Dei quos vocabitis eos
» vocabulo sanctuarii*, sive in terminis suis, sive sine terminis suis. »
— Glosa : « Probat per hoc quod possunt sapientes facere festa sua
et in terminis suis et extra terminos. »

Ad idem in cezer *Iessuhot*, in macecta *Makoth*, in ultimo perec
(i. e. capitulo). « Dicit Rava : Tam stulti sunt homines qui coram
» rotulo assurgunt [f° 213 a] et coram magno homine non assur-
» gunt, at vero in libro scriptum est (in rotulo) : *XL percucies illum*
» (Deut. xxv, 3), et venerunt magistri et diminuerunt unum. » —
Glosa : « Propter hoc dicit Rava quod magis assurgendum est

OTAM [qui signifie : lesquelles] font ATTEM, qui signifie *vous*[1], et par suite
vous se trouve trois fois dans ce passage, pour enseigner que les scribes
peuvent changer l'époque des fêtes. Ceux qui le feraient *involontairement*,
ou *avec intention*, ou *par erreur*; *involontairement*, s'ils ne pouvaient pas
trouver eux-mêmes la nouvelle lune qui indique la date de la fête et la
fixeraient ainsi à une date fausse, c'est là le sens du premier *vous* ; le second
vous se rapporte à ceux qui savent la date exacte, et indique que même
ceux-là peuvent changer l'époque des fêtes avec intention et volontairement
et par leur ordre ; le troisième *vous*, qui indique ceux qui se trompent,
se rapporte à ceux qui auraient été trompés par quelque faux témoignage
et auraient cru que la nouvelle lune est venue quand elle ne le serait pas
et auraient alors célébré la fête, ce *vous* indique que ce qu'ils ont fait
est approuvé. » Par là, ils ont pu changer l'époque de toutes leurs fêtes.

Même point, au même endroit. « *Voici les époques de Dieu que vous célé-*
» *brerez dans des convocations saintes*, soit à l'époque juste, soit à une époque
» qui ne serait pas juste. » — Glose : « Il prouve par là que les docteurs
peuvent célébrer les fêtes à leur époque ou en dehors de cette époque. »

Même point. Dans *Yeschuot*, traité de *Maccot*[2], dernier pérec (chapitre),
« Rabba dit[3] : Combien sont fous les hommes qui se lèvent devant le
» rôle [rouleau de la Loi] et ne se lèvent pas devant un grand homme, et
» cependant dans le livre[4] (rouleau) il est écrit : *Il lui donnera 40 coups*, et
» les rabbins sont venus et en ont retranché un coup. » — Glose : « C'est

---

[1] Amplification de la glose de Raschi.
[2] F° 22 *b*.
[3] Le texte a Rabba.
[4] Le texte porte bien ספר תורה, livre de la loi, rôle, rouleau : dans le texte que
l'auteur du ms. avait sous les yeux le mot תורה manquait probablement, de sorte
qu'il restait le mot ספר, le livre, qu'il interprète par rouleau.

magno homini (i. e. sapienti seu scribe vel magistro sciencie Talmut) quam rotulo, cum maiorem habent potestatem quam ipsa lex. »

VII[us]. Et credi debet eisdem si sinistram dextram dicerent vel e contrario dextram verterent in sinistram. Hoc scriptum est : *Non declinabis neque ad dextram neque ad sinistram* (Deut. XVII, 11) ; glosa Salomonis : « Eciam si dicant tibi super dextra quod sit sinistra et super dextra (lege : sinistra) quod sit sinistra (lege : dextra). »

Ad idem in cezer *Mohed*, in macecta *Sabat*, in perec *Bama malykym*, super hoc quod statuerunt accendere candelas cereas VIII diebus in festo *hanuka* pro victoria Iudith, et quando accendunt eas, faciunt benediccionem. Et dicunt : « Quid benedicitur? Benedictus » qui sanctificavit nos in preceptis suis et precepit nobis accendere » candelas in festo *hanuka*. Ubi precepit nobis ? Dicit Rab Avoya : » De *non declinabis*. » — Glosa : « Accensio candelarum non est ex lege, sed a precepto scribarum, verumtamen per hoc quod supra scriptum est *non declinabis*, etc., intendit Rab Avoya probare quod illud quod precipiunt tantum valet quantum si Dominus preciperet. » — « Rab Naaman filius Ysaac dicit : *Interroga patrem tuum et anun-*

---

pour cela que Rabba dit qu'il faut plutôt se lever devant un grand homme (docteur ou scribe ou maître de la science talmudique) que devant le rôle, puisque les docteurs ont un plus grand pouvoir que la loi elle-même. »

VII. Et il faut les croire, quand même ils diraient que la gauche est la droite ou que la droite est la gauche. Il est écrit : *Tu ne dévieras ni à droite ni à gauche;* — glose de Salomon : « Quand même ils te diraient de ta droite qu'elle est la gauche et de la gauche qu'elle est la droite. »

Même point. Dans *Moëd*, traité de *Sabbat* [1], chapitre *Bamé Madlikin*, au sujet de l'institution d'allumer des cierges les huit jours de la fête de Hanucca en souvenir de la victoire de Judith [2] et de prononcer une eulogie au moment de les allumer, on dit : « Quelle est cette eulogie? — Béni soit » celui qui nous a sanctifiés par ses préceptes et nous a ordonné d'allumer » des lumières à la fête de Hanucca. — Où Dieu nous a-t-il donné cet » ordre? Rab Aviyya dit : Dans les mots : '*Tu ne dévieras pas.* » — Glose : « Le devoir d'allumer des lumières n'est pas dans la Loi, mais a été imposé par les scribes, mais de ce qu'il est écrit : *tu ne dévieras pas*, etc., Rab Aviyya veut prouver que les préceptes des rabbins ont autant de force que ceux de Dieu [3]. » — « Rab Nahman, fils d'Isaac [4], dit : [Le précepte » vient du verset :] *Interroge ton père, il te l'apprendra; les anciens, ils te l*

[1] F° 23 a.

[2] La fête de Hanucca est instituée en souvenir de la victoire des Macchabées sur Antiochus.

[3] Nos textes imprimés du Talmud n'ont pas cette glose, qui paraît être une amplification de la glose très courte qu'ils portent.

[4] Le texte dit : R. Néhemya (sans ajouter le nom du père).

bit, senes et dicent tibi (Deut. XXXII, 7). » Unde accidit quod su-
tradicionem [f° 213 b] quam fecerunt de locione manuum dicunt
« Benedictus Deus, Deus noster, qui sanctificavit nos in pre-
s suis et precepit nobis super locione manuum. » Et sic faciunt
ultis huiusmodi.

II^m. MORIQUE DEBET QUI NON SERVAVIT QUE DIXERUNT. Hoc
ur in cezer *Mohed*, in macecta *Heruvim* (quod interpretatur
ones), in perec *Ocym Pacym* (quod interpretatur facientes pa-
ubi dicitur : « Darsat (i. e. glosat) Rava : Quid est quod scrip-
m est : *Hiis amplius, fili mi, requiras, faciendi plures libros nullus
finis* (Ecc. in fine, 42, 12) ? Fili mi, esto velox in verbis scriba-
m magis quam in verbis legis, quia in verbis legis est *fac et
u fac* (supra sine morte), et qui transgreditur verba scribarum
bitor est mortis. Et si tu dicas : Si est in eis substancia (i. e.
itas), quare non fuerunt scripta ? *Faciendi plures libros nullus
finis, frequensque meditacio carnis est afflictio.* Dicit Rab Papa :
cens quod omnis qui irridet verba sapiencium punitur in ster-
re bullienti. »

III^m. QUI PROHIBENT NE INFANTES BIBLIA UTANTUR, QUIA

---

ont. » De là vient aussi que pour la pratique traditionnelle de se laver
in, ils disent cette eulogie : « Beni soit l'Eterr .i notre Dieu qui nous
ctifiés par ses préceptes et nous a ordonné de nous laver les mains. »
font de même dans beaucoup de cas de ce genre [1].

II. ET CELUI QUI N'OBSERVE PAS CE QU'ILS DISENT. ENCOURT LA MORT.
se lit dans *Moëd*, traité de *Erubin* [2] (mélanges), chapitre *Ocim Pacim*
ait des pieux), où il est dit : « Rabha darsat (fait cette glose) : Que
nifient ces mots de l'Ecriture : *Et au-delà, mon fils, fais attention ; il
a pas de fin à la rédaction de livres ?* Mon fils, observe les paroles des
ibes plus que les paroles de la Loi, car dans les paroles de la loi il
en a [une partie] qui sont des préceptes d'action ou d'abstention (qui
sont pas punis de mort), tandis que quiconque transgresse les
importe lesquelles] paroles des scribes, mérite la mort. Tu diras
ut-être : Si dans les paroles des scribes il y a quelque fondement [3]
rité), pourquoi ne sont-elles pas dans la loi écrite ? [Je réponds :]
ire des livres, cela n'a pas de fin, et méditer beaucoup, c'est fatiguer sa
ir. Rab Papa dit : Cela nous enseigne [4] que celui qui se moque des
roles des sages est puni du châtiment de la boue bouillante [5]. »

. CES DOCTEURS DÉFENDENT QUE LES ENFANTS PRATIQUENT LA BIBLE,

ls regardent comme venant de Dieu des préceptes qui ne sont que traditionnels
nstitution rabbinique.
° 21 b.
מַמָּ *substantia.*
e latin *docens* pour *docet* est la traduction servile de מלמד.
e texte a simplement le mot נידון, est puni, condamné. L'auteur du ms. avait
נידון בצואה רו.

NON EST MODUS, UT DICUNT, DISCENDUM EA, SED DOCTRINAM TAL-
MUT PREFERENTES, QUÆDAM EDIDERUNT PRO SUA VOLUNTATE MAN-
DATA. Hoc legitur in macecta *Brakot*, in perec *Thephilat hasahar*
(quod est oracio matutina), ubi dicitur : « Quum Rby Elyezer fuit
» infirmus, discipuli eius intraverunt ad ipsum visitandum et dixe-
» runt ei : Magister, doce nos vias vite, verbum in quo lucremur
» [f° 243 c] vias [lege : vitam?] futuri seculi. Dixit eis : Estote ve-
» loces in honorem sociorum vestrorum et prohibete filios vestros
» a studio legis. » — Glosa Salomonis : Non assuefaciatis eos in
mykera (Biblia), quia nimis abstrahit ad aliam doctrinam (infideli-
tatem). — Et iterum ait : « Facite filios vestros sedere inter genua
» sapiencium discipulorum et per hoc lucrabimini vitam alterius.
» seculi. »

Quod autem sequitur in articulo probatur per hoc quod legitur
in cezer *Iessuot*, in macecta *Bava Mecia*, in perec *Illu Mecioz* (i. e.
invenciones), ubi dicitur : « Qui studet in Biblia. modus est qui
» non est modus; in Mysna et Talmud [deleatur et Talmud], modus
» est super quo datur premium ; sed in Talmut, non est modus
» melior illo. »

X^us. IN QUIBUS QUI PRO LEGE DIXERUNT : OPTIMUM XPISTIANORUM

PARCE QUE CE N'EST PAS UN MÉRITE, COMME ILS DISENT, D'Y APPRENDRE, MAIS
PRÉFÉRANT LA DOCTRINE DU TALMUD, ILS ONT ÉDICTÉ CERTAINS PRÉCEPTES,
SELON LEUR BON PLAISIR. Ceci se lit dans *Berakhot* [1], chapitre *Tefillat ha-
Schahar* (prière du matin) : « Lorsque Rabbi Eliézer tomba malade, ses
» disciples allèrent le visiter et lui dirent : Maître, enseigne-nous les voies de
» la vie, afin que par elles nous puissions gagner la vie du monde futur.
» Il leur répondit : Soyez attentifs à respecter vos compagnons et empê-
» chez vos fils de se livrer à la contemplation [2]. » Glose de Salomon : « Ne
les habituez pas à lire [3] le Micra (la Bible), parce qu'il entraîne à une
autre doctrine (à l'hérésie). — Et Rabbi Eliézer ajouta : « Faites asseoir
» vos fils sur les genoux des disciples des sages [4] et par là vous gagnerez
» la vie du monde futur. »

Ce qui suit, dans ce huitième article, est prouvé par ce qu'on lit dans
Yeschuot, traité *Baba Meciya* [5], chapitre *Ellu meciyot* (objets trouvés), où il
est dit : « Etudier dans la Bible, est un mérite et n'en est pas un : étudier
» dans la Mischna et le Talmud [6] est au contraire [toujours] un mérite qui
» est récompensé; dans le Talmud, c'est le plus grand des mérites. »

X. PARMI EUX IL Y EN A QUI ONT DONNÉ POUR LOI : LE MEILLEUR

---

[1] F° 28 *b*.

[2] הַהֵגִירָן, la méditation exagérée. Le ms. traduit à tort par *studium legis*.

[3] Le texte ajoute les mots : « plus qu'il ne convient, » que l'auteur du ms. paraît avoir
lus plus loin, dans le passage *nimis abstrahit*.

[4] תלמידי חכמים.

[5] F° 33 *a*. Ce passage a déjà été cité à l'article III.

[6] Les mots *et Talmud* du ms. sont à supprimer, ils ne se trouvent pas dans le texte
du Talmud.

OCCIDE. Hoc legitur in *Elle semoz* (Exod. XIV, 7) : « *Tulityne* [Pharao]
» *sexcentos currus electos quotcunque in Egypto currnum fuit.* » —
Glosa Salomonis : « Unde erant illa animalia ? Si Egypciorum,
nonne scriptum est [ib. IX, 6] quod mortua sunt omnia animalia
eorum, et si de Israel, nonne scriptum est : *Omnes greges pergent*
nobiscum, non remanebit ex eis ungula [ib. X, 26] ; unde ergo fuerunt ?
Non nisi de hoc quod qui timuit verbum Domini de servis Pharaonis
fecit confugere servos suos et iumenta in domos ; per hoc dicebat
Rby Symeon : Optimum goym occide, melioris serpentum contero
caput ; » q. d. ex quo illi qui boni fuerunt et timuerunt verbum
Dei tradiderunt animalia sua ad persequendum populum Domini,
optimus goym tamquam malus occidi potest.

XI^{us}. ET XPISTIANUS QUIESCENS VEL STUDENS [f° 213 *d*] IN LEGE,
PENE MORTIS SUBDATUR. Hoc legitur in cezer *Iessuot*, in maceca
Cenhezerin, in perec *Arba milhoz*, ibi dicitur : « Dicit Relakys : Goy
» qui quiescit debet mori, ut dicitur : *Die et nocte non requiescent.* »
[Gen. VIII, 22]. Et infra : « Dicit Rby Iohan : Goy qui studet in lege

---

DES CHRÉTIENS [1], TUE-LE. Ceci se lit dans *Elle-Schemot* (Exode) : « *Pharaon*
» *prit six cents chars choisis, et toute la cavalerie d'Egypte.* » Là-dessus la
glose de Salomon dit : « D'où venaient ces chevaux ? car s'ils apparte-
naient aux Egyptiens, n'est-il pas raconté que toutes leurs bêtes étaient
mortes ; si aux Israélites, Moïse n'a-t-il pas dit : *Tout notre bétail partira*
avec nous, et il n'en restera pas même un sabot? D'où donc vinrent ces chevaux? Le voici : Ceux des serviteurs de Pharaon qui craignaient Dieu
[étaient vertueux], firent rentrer [à l'époque de la plaie] leurs serviteurs et
leurs juments, [qui furent ainsi préservés de la plaie]. C'est pourquoi
Rabbi Siméon dit : Le meilleur des goyim [payens], tue-le, le meilleur
des serpents, écrase-lui la tête [2]. » Cela veut dire : puisque ces Egyptiens
vertueux et craignant Dieu ont livré leurs bêtes pour poursuivre le peuple
de Dieu, [cela prouve que tous les goyim sont nos ennemis], le meilleur
goyim peut donc être tué comme un méchant.

XI. ET UN CHRÉTIEN QUI OBSERVE LE SAMEDI OU QUI ÉTUDIE LA LOI,
ENCOURT LA PEINE DE MORT. Ceci se lit dans l'ordre de *Yeschuot*, traité de
Sanhédrin [3], chapitre *Arba Milot*. Il y est dit : « Rêsch Lakisch dit : Un

---

[1] Il y a dans le texte גוים, payens, et non chrétiens.
[2] Puisque les meilleurs des Egyptiens ont donné leurs chevaux pour poursuivre les
Hébreux, les meilleurs d'entre eux sont les ennemis des Juifs. Le texte édité par
M. Berliner (Raschii in Pentateuchum commentarius, Berlin, 1866) a : כשב
שבמצרים, le meilleur des Egyptiens. Les paroles de R. Siméon b. Yohaï, pronon-
cées à l'époque des cruelles persécutions d'Adrien contre les Juifs, se trouvent dans le
Talmud de Jérusalem, Kidduschim, f° 66 *c*. Voir aussi Mekhilta, Beschalah, chap. Ier,
et Tanhuma, *ibid.* Le traité des Soferim (XV, 10) dit : R. Siméon b. Yohaï dit : Le
meilleur des payens, en temps de guerre, on peut le tuer. Cf. Tossafot dans Aboda
Zara, 26 *b*.
[3] F° 58 *b*.

» debitor est mortis, ut dicitur, *legem precepit nobis Mosse, heredi-*
» *tatem multitudini Jacob* (Deut. XXXIII, 4), ipsa *nobis* et non *eis.* »

XII^m. ET XPISTIANORUM QUILIBET ARTE QUALIBET VEL INGENIO
POTEST DECIPI SINE PECCATO. Hoc legitur in cezer *Iessuhot*, in macecta *Bava kama* (i. e. Porta prima), in perec *Sorsenagai* (i. e. bos qui
peciit), in Mysna, ubi dicitur : « Bos Israel qui cornupecierit bo... .a
» extranei iumunis est, et bos extranei qui cornupecierit bovem Israel
sive sit simplex sive cornupeta, reddet dampnum integrum. » Obicitur contra hoc in macecta (Guemara) : « Quis est animus tuus ? Si *socii*
» *sui* [Ex., XXI, 35] (i. e. si bos pecierit bovem socii sui), si socii sui
» proprie (sumitur), extranei (bos) quum cornupeteret bovem Israel
» quiptetur ; et si *socii sui* non proprie (sumitur), eciam bos Israel
» qui cornupetit bovem Israel [lege : extranei] debitor sit ? » Respon-
sio : « Dicit Rby Abhu : Ita dicit *pachuc* (auctoritas) : *Stetit et mensus*
» *est terram, aspexit et solvit goym* (gentibus ; Abac. III, 6). Quid
» vidit ? Vidit VII precepta que receperunt filii Nohe super se et non
» tenuerunt illa ; stetit et solvit (i. e. dedidit, gallice : abandona)

» goy [1] qui observe le repos du samedi [2], est coupable de mort, comme il
» est dit : *Ils ne se reposeront ni jour ni nuit.....* Rabbi Yohanan dit : Un
» goy qui étudie la Loi, est coupable de mort, comme il est dit : *Moïse*
» *nous a donné la Loi, elle est l'héritage de la communauté de Jacob;* il l'a
» donnée à nous [Juifs], non à eux [les payens]. »

XII. ET UN CHRÉTIEN PEUT ÊTRE TROMPÉ PAR RUSE OU ARTIFICE, SANS
PÉCHÉ. Ceci se lit dans *Yeschuot*, traité *Baba Kamma* [3] (première porte), chapitre *Schor sché-nagah* (un bœuf qui frappe de la corne), dans la Mischna,
où il est dit : « Si le bœuf d'un Israélite a frappé de la corne le bœuf d'un
» étranger [non juif], il est absous, mais si le bœuf d'un étranger frappe de
» la corne le bœuf d'un Israélite, que le bœuf (qui a frappé) soit un bœuf
» ordinairement tranquille ou un bœuf qui a l'habitude de frapper, il
» payera le dommage entier. » Objection faite dans la macecta (guémara) :
« Quelle est ta pensée [4] ? [Il est dit :] *Celui de son compagnon* (s'il a frappé le
» bœuf de son compagnon) ; si ces mots *de son compagnon* doivent être
» (pris) à la lettre, quand (le bœuf) d'un étranger frappe celui d'un Israélite,
» il devrait être quitte [5] ? Et si ces mots *de son compagnon* ne sont pas
» (pris) à la lettre, le bœuf d'un Israélite qui frapperait le bœuf d'un étran-
» ger devrait aussi être condamné ? » Réponse : « Rabbi Abbahu dit : Le
» *pachuc*-[le verset, l'Ecriture] dit : *Il se leva et mesura la terre, il regarda et*
» *dispersa les goyim* (payens). Que vit-il ? Il vit les sept préceptes qu'avaient
» acceptés les fils de Noé, mais qu'ils n'ont pas observés, aussi il se leva et
» livra (donna, en français *abandonna*) leur argent aux Israélites. Rabbi

[1] Le texte a כותי, un Cutéen.
[2] L'auteur a traduit le verbe שבת par « se reposer », tandis qu'il signifie observer
le repos du samedi.
[3] F° 38 a.
[4] מאי נפשך. formule qui annonce toujours un dilemme.
[5] Le texte a : être quitte aussi, comme celui de l'israélite.

» censum eorum Israeli. Rby Iohan dicit : *Resplenduit de monte Pha-*
» *ran, de Pharan resplenduit Dominus* [Deut. XXXIII, 2], » i. e. dedidit
» [f° 214 a] censum goym Israeli. Et infra : « Miaudent (i. e. dicunt)
» magistri : Olim misit regnum nequicie duos ballivos ad sapientes
» Israel, dixerunt eis : Docete nos legem vestram. Legerunt, secun-
» daverunt, terciaverunt. In hora transitus eorum dixerunt ipsis :
» Nos punctavimus in lege vestra et veritas ipsa, preter verbum il-
» lud quod vos dicitis, bos Israel qui cornupetit bovem goy inmu-
» nis est, etc., et hoc verbum notificabimus regno. » Per hoc probant
sapientes et dicunt Deum exposuisse Judeis res omnes gencium
aliarum.

Ad idem in eadem maceeta, in perec *Hagocel* (i. e. raptor), ibi dicit
Rby Hysmael : « Goy (Xpistianus) et Israel qui venerunt coram te
» ad iudicium, si potes facere quod Israel in iudicio optineat, fac et
» dic ei : Ita est iudicium nostrum ; in iudicio goym (gencium seculi),
» fac eum lucrari et dic ei (Xpistiano) : Sic est iudicium vestrum ; s.
» non, venietur contra ipsum per astucias et fraudes. » Et infra dicit
Rby Symeon : « Rapina goy (Xpistiani) vetita est, sed amissio rei
» sue absoluta est (i. e. concessa. Et infra : Dicit Rby Samuel : Ab-

---

» Yohanan dit : [Je tire cette règle du bœuf, du verset suivant [1] :] *Ils resplen-*
» *dissent de la montagne de Paran, de Paran le Seigneur resplendit,* c'est-à-
» dire : Il a livré l'argent des goyim à Israel... Les maîtres « miaudent »
» (disent) : Un jour, l'empire de la perversité [Rome] envoya ses baillis [2]
» auprès des docteurs d'Israël. Ils [les baillis] leur dirent : Enseignez-nous
» votre loi. Ils la lurent une fois, deux fois, trois fois ; au moment de leur
» départ ils leur dirent [aux docteurs] : Nous avons examiné avec soin [3]
» votre loi, elle est la vérité, sauf cette parole où vous dites que si le
» bœuf d'un Israélite frappe le bœuf d'un goy [4], il est quitte, etc., et
» cette parole nous la ferons connaître au gouvernement [5]. » Par là les
docteurs prouvent et disent que Dieu a livré aux Juifs tous les biens des
autres nations.

Même point. Dans le même traité, chapitre *ha-Gozel* [6] (le voleur) :
« Rabbi Ismael dit : Si un goy [7] (chrétien) et un Israélite viennent devant
» toi pour un différend, si tu peux faire que l'Israélite ait gain de cause
» suivant la loi juive, fais-le et dis-lui [au goy] : Telle est *notre* législation ;
» ou suivant la loi des goyim (gentils), fais gagner l'Israélite et dis lui (au
» payen) : Telle est *votre* législation ! Si au contraire tu ne peux pas [faire
» gagner le procès à l'Israélite], on emploiera contre le goy des astuces
» et des fraudes. (Et plus bas :) Rabbi Siméon dit : On ne peut garder un
» objet volé à un goy, mais un objet perdu par lui, on peut le garder...
» Rabbi Samuel dit : Il est permis de profiter de l'erreur du goy (erreur

---

[1] מטביא dans le texte.
[2] Dans le texte : stratèges.
[3] דקדקנו, pointé, examiné jusqu'au dernier point.
[4] Le texte a נכרי, étranger.
[5] Le texte a : nous ne la ferons pas connaître (nous nous tairons sur ce point).
[6] Baba-Kamma, F° 113 *a* et *b*.
[7] Je rappelle que goy signifie *payen*, non *chretien*.

» numeracio eius (t. c. deceptio in compulacione) absoluta est. » Hoc
probatur ibi multis exemplis magistrorum. Item infra : « Fecit Rava
» preconizari : Filius Israel qui scit testimonium goy (Xpistiani) et
» testificatur pro eo in iudicio gencium super (contra) Israel, socium
» suum, excommunicamus eum. »

XIII⁰⁰. ET QUICUMQUE IURAMENTO ALIQUO VULT NON TENERI [F⁰ 244 *b*],
IN ANNI PRINCIPIO PROTESTETUR QUOD VOTA ET IURAMENTA EIUS NON
VALEANT QUE FACIET ILLO ANNO. Hoc legitur in cezer *Nassim*, in
macecta *Nezarim*, [suppl. in perec *Arbaa Nedarim*] (i. e. IIII⁰ʳ vota),
ibi dicitur : « Qui vult quod non teneantur vota sua toto anno, stet
» in capite anni et dicat : Omne votum quod ego expecto vovere toto
» anno impediatur, et tali modo quod memoretur (protestacionis) in
» hora voti. » Et obicitur : « Si memoretur hora voti, eradicavit pac-
» tum suum (protestacionem) et confirmavit votum suum? Et dixit
» Abaie : Dicit tali modo quod [non memoretur in hora voti. Rava
» dicit : Nimirum sicut diximus ab inicio, sed tali modo quod] pac-
» tus est in inicio anni, et in hora voti nescivit quod spoponderit, et
» nunc vovet ; si memor sit in hora voti protestacionis, dicet : Sub
» priori animo facio votum meum, non est in eo (voto) tunc substan-

---

» de compte), » et on le prouve en cet endroit par de nombreux exemples
des docteurs. De même « Rabba a dit : Un fils d'Israel qui est témoin dans
» l'affaire d'un goy (chrétien) et témoigne en sa faveur devant le tribunal
» des payens sur (contre) un fils d'Israël, son frère, nous l'excommunions. »

XIII. ET QUICONQUE VEUT N'ÊTRE PAS TENU D'OBSERVER SON SERMENT,
N'A QU'A PROTESTER AU COMMENCEMENT DE L'ANNÉE QUE LES VŒUX ET LES
SERMENTS QU'IL POURRA FAIRE DANS L'ANNÉE SONT NULS. Ceci se lit dans
Naschim, traité de *Nedarim*[1], [chapitre *Arba Nedarim*] (quatre vœux). Il y
est dit : « Que celui qui veut que ses vœux de toute l'année soient nuls,
» se lève au commencement de l'année et dise : « Tout vœu que je ferai
» toute l'année[2], doit être nul, pourvu qu'il se souvienne de cette protes-
» tation au moment où il fait le vœu. » Objection : « S'il s'en souvient au
» moment du vœu, ne renverse-t-il pas son pacte (sa protestation anticipée)
» et ne confirme-t-il pas [par là] son vœu? Abayé répond : [Corrigez et]
» dites : « A condition qu' [au moment du vœu il ne se souvienne pas de
» sa protestation. » Rabha dit : Non, c'est comme on a dit d'abord[3], mais
» on veut dire que les choses se passent de telle sorte qu']⁴ après avoir
» fait son pacte [sa protestation] au commencement de l'année, il ne sache
» plus, au moment du vœu, quelle a été cette protestation, et il fait le vœu ;
» s'il se souvient de cette protestation au moment du vœu, qu'il dise :
« Je fais ce vœu dans l'esprit de mon intention primitive [celle de la pro-

---

[1] F⁰ 23 *b*.
[2] Le texte a : que je ferai à l'avenir לידור עתיד.
[3] Qu'il se souvient de sa protestation au moment du vœu.
[4] Le copiste du ms. a omis tout ce passage compris entre crochets et que nous
rétablissons d'après le texte. La glose qui suit prouve bien que ce passage se trou-
vait dans le ms. original.

» cia ; si non dixerit : Sub priori animo voveo, eradicavit pactum
» suum (protestacionem). » — Glosa : « Ambo concordant in hoc
quod protestacio facta in principio anni irritet vota illius anni, sed
Abaie vult quod non sit memor protestacionis in hora voti, et Rava
vult quod memor sit illius. »

XIIIns. TRES QUOQUE IUDEI, QUICUNQUE SINT, POSSUNT ABSOLVERE
QUENCUNQUE AB OMNI IURAMENTO. Hoc legitur in *Moëd*, in macecta
Aguiga (i. e. festivitas), in primo perec, ibi dicitur : « Absolucio
» votorum volat in aere (i. e. non habet fulcimentum a Veteri Testa-
» mento). Rby Elyezer dicit : Est eis (i. e. votis) super quo innitantur,
» prout dicitur : *Quum admirabuntur* bis [Num. VI, 2], in una admi-
» racione ad obligacionem, et in una admiracione ad absolucionem.
» [f° 214 c] Rby Iossua dicit : Est eis (votis) super quod innitantur,
» prout dicitur : *Quod iuravi in ira mea* (Ps XCV, 11), in ira mea iu-
» ravi et penitet me. » — Glosa : « Per hoc ostenditur quod votum
potest revocari, quando illum qui vovit penitet voti ; probat eciam
quod votum et iuramentum quantum ad hoc accipiuntur pro eodem,
quoniam Rby Iossua confirmat absolucionem votorum per peniten-
ciam iuramenti Dei. »

» testation], et alors ce vœu n'a pas de valeur ; mais s'il ne dit pas : Je
» fais le vœu selon mon intention primitive, son pacte (sa protestation)
» est annulé. » — Glose[1] : « Tous deux [Abayé et Rabha] sont d'accord
que la protestation faite au commencement de l'année rend nuls les vœux
qu'on fait dans l'année, mais Abayé veut qu'au moment du vœu on ne se
souvienne pas de sa protestation et Rabha veut qu'on s'en souvienne. »

XIV. TROIS JUIFS QUELCONQUES PEUVENT DÉLIER QUELQU'UN DE TOUT
SERMENT QU'IL A FAIT. Ceci se lit dans *Moëd*, traité de *Hagiga*[2] (fête),
chapitre Ier, où il est dit : « L'absolution des vœux est suspendue en l'air
» (ne s'appuie sur aucun texte de l'Ancien Testament). Rabbi Eliézer dit :
» Il y a quelque chose sur quoi elle (l'absolution des vœux) s'appuie, car
» il est dit deux fois « *quand ils s'étonneront,* » une fois, pour obliger ;
» l'autre fois, pour absoudre. Rabbi Josué dit : Il y a quelque chose sur
» quoi elle s'appuie, car il est dit : *J'ai juré dans ma colère*, j'ai juré
» dans ma colère et je m'en repens. » — Glose[3] : « Il est prouvé par là
qu'un vœu peut être révoqué, lorsque celui qui l'a fait le regrette. On
voit, en effet, qu'un vœu ou un serment ne sont acceptés [valables], que
s'ils peuvent s'exécuter suivant l'intention de celui qui les fait[4], puisque
Rabbi Josué montre qu'on peut absoudre les vœux, par ceci que Dieu s'est
repenti de son serment. »

---

[1] Cette glose ne se trouve pas dans le Raschi de nos textes imprimés.
[2] F° 10 *a*.
[3] Amplification de la glose de Raschi.
[4] Nous rendons ainsi le passage du ms., qui semble être tronqué et qui paraît
vouloir rendre ces paroles de Raschi : « S'il dit : Ce n'est pas dans cette intention que
j'ai fait le vœu, je n'ai pas prévu que, par suite de ce vœu, il m'arriverait ce qui m'arrive, le vœu peut être annulé. »

Hoc eciam probat per illud : *Si quis virorum votum Domino voverit aut se constrinxerit iuramento, non faciet irritum verbum suum* (Num. xxx, 3), unde Samuel dicit post predicta verba Rby Iossua : « Si » fuissem ibi, dixissem eis : Mea probacio melior est vestris, sicut » scriptum est : *Non faciet irritum verbum suum, ille* verbum suum » non irritat, sed *alii* (qui absolvunt) irritant ei. »

Dicit eciam Rava, in predicto perec *Arbaia Nezarim,* quod « omnis qui [suppl. facit votum, quasi qui] edificat bama (excelsum), » et qui sustinet illud, (i. e. qui non facit se a voto absolvi), » quasi qui sanctificat (sacrificat) super excelsa. » Per hoc patet quod homo non solum potest se facere absolvi a voto, sed eciam tenetur.

Item in *Nassim*, in macecta *Nezarim*, in perec *Naara hameoracha* (i. e. puella desponsata), legitur : « Absolucio votorum in tribus » ydiotis. » Obicitur : « Nonne scriptum est : *Capita tributum, ibi* » *loqutus est ad principes filiorum Israel. Si quis virorum votum* » *Domino voverit, etc.* » [Num. xxx, 2 et 3]. Ergo ydiote non debent absolvere, sed magistri. — « Dicit Rab sive Rby Iohan : In uno

---

Cette faculté d'absolution est aussi prouvée [*ibid.*] par ce verset : *Si un homme a fait un vœu à Dieu ou s'est lié par un serment, il ne doit pas rendre vaine sa parole.* Samuel [1] dit, après ces paroles de Rabbi Josué citées précédemment : « Si j'avais été là [présent à la discussion sur ce point], » j'aurais dit aux docteurs : Ma preuve [que l'absolution est permise] vaut » mieux que les vôtres, car il est dit : *Il ne rendra pas vaine sa parole, lui-* » *même* ne la rendra pas vaine, mais *d'autres* (ceux qui l'absolvent), peu- » vent la rendre vaine pour lui. »

Rabha dit aussi, dans ce même chapitre *Arbaa Nedarim* [2], que « quicon- » que [fait un vœu est aussi coupable que celui qui] [3] élève une bama (un » autel sur les hauts lieux), et s'il maintient ce vœu (ne s'en fait pas rele- » ver), il est coupable comme s'il officiait (sacrifiait) sur les hauts lieux. » De là il ressort que non seulement on peut se faire relever d'un vœu, mais qu'on y est obligé.

Même point. Dans *Naschim*, traité *Nedarim* [4], chapitre *Naara ha-meuraça* (la jeune fille fiancée), on lit : « L'absolution des vœux se fait par » trois hommes privés. » Objection : « N'est-il pas écrit : *Il parla aux chefs* » *des tribus, aux chefs des fils d'Israël* [et leur dit] : *Si quelqu'un fait un* » *vœu à Dieu, etc. ?* » Donc les hommes privés ne peuvent pas absoudre, mais les rabbins seuls. — « Rab [Hisda] ou Rabbi Yohanan répond : La » Bible [qui demande pour cet office un chef], parle d'[une absolution don- » née par] un seul homme [et non par trois], qui doit alors être un » homme distingué [5] (en français : menier, c'est-à-dire un docteur). » Par

---

[1] Texte: R. Juda au nom de Samuel.
[2] Nedarim, f° 22 *a.* Ces paroles sont attribuées dans le texte à R. Natan.
[3] Omission dans le ms. restituée d'après le texte.
[4] F° 78 *a* et *b.*
[5] מרוחה. le ms. traduit par *manualis.*

manuali » (gallice : menier, i. e. uno magistro). Per hoc probant quod
tres ydiote vel unus sapiens [f° 214 d] potest absolvere a votis.

XV⁰⁰. Asserunt eciam Dominum peccasse. Hoc legitur in Kazas-
sym, in macecta *Sirassim*, in perec *Illu terefod* (i. e. iste rapte).
« Scriptum est : *Fecit Deus duo magna luminaria*, et scriptum est :
» *Luminare magnum et luminare parvum* (Gen. I, 16). Dixit luna
» coram Sancto benedictus sit ipse (coram Deo) : Domine seculi, est
» possibile duobus regibus quod serviant uni corone ? Dixit ei Deus :
» Vade et minora te ipsam. Dixit coram eo : Domine seculi, quia
» dixi coram te verbum decens, minorabo me ! Dixit ei Deus : Vade
» et presis diei et nocti. Dixit ei : Quid valor candele ad meridiem ?
» Dixit ei Deus : Vade et Israel computent in te dies et annos. Et
» ait illa : Similiter per dies computabunt terminos suos, sicut
» scriptum est : *Et erunt ad signa et ad terminos et ad annos et ad dies*
» [ibid.]. Dixitque ei Deus : Vade et iusti vocentur nomine tuo,
» *Iacob parvus*, [suppl. *Samuel parvus*] *et David parvus*. Vidit illam

---

là on veut prouver que trois hommes privés ou un seul docteur peuvent
relever d'un vœu [1].

XV. Ils [les docteurs] disent aussi que Dieu a péché. Ceci se lit
dans *Kodaschim*, traité de *Sirassim* [*Hullin* [2]], chapitre *Ellu terefot* (voici les
bêtes déchirées), où il est dit : « Il est écrit [3] : *Dieu fit les deux grands*
» *luminaires*, et il est écrit : *Le grand luminaire et le petit luminaire*. La lune
» dit devant le Saint béni soit-il (Dieu) : Maître du monde, est-il possible
» que deux rois se servent d'une seule couronne ? Dieu lui répondit : Va,
» et rapetisse-toi. Elle dit devant Dieu : Maître du monde, parce que j'ai
» dit devant toi une parole [pourtant] convenable, je dois être diminuée !
» Dieu lui répondit : Va et préside au jour et à la nuit. Elle répondit : Que
» vaut une simple chandelle en plein midi ? Dieu lui répondit : Va, les
» Israélites fixeront d'après ton cours le comput des jours et des années.
» Et elle dit : Mais ils compteront aussi leurs époques d'après le jour
» [le soleil], comme il est écrit : *Et ils seront des signes pour les époques, les*
» *années et les jours ?* Dieu répondit : Va, les justes seront nommés d'après
» toi [qui est plus *petite* que le soleil], *Jacob le petit*, [*Samuel le petit*], *David*
» *le petit* [4]. Dieu vit que le cœur de la lune n'était pas apaisé et il dit :

[1] Remarquez que toutes ces subtilités ont un seul but, très louable, celui de com-
battre la superstition des vœux, très mal vue des rabbins, et d'enlever à ces vœux
toute valeur en les dépouillant de leur caractère obligatoire.

[2] F° 60 b. Nous ne savons pas ce que c'est que le mot *Sirassin*, qui se trouve encore ailleurs dans le ms. pour le nom du traité appelé aujourd'hui *Hullin*.

[3] La lune est supposée avoir été, à l'origine, aussi éclatante que le soleil, mais elle
veut avoir seule cet éclat, que Dieu diminue pour punir l'envieuse. Il lui donne en
compensation l'avantage de servir à fixer le calendrier juif, qui se règle sur le cours
de la lune, tout en tenant compte, il est vrai, par l'embolisme, du cours du soleil.

[4] *Samuel parvus* est sans doute interpolé dans nos textes. Dans une des lettres de
David Kimhi à Juda Alefkhar (celle qui commence par les mots לא אחדל), ce passage du Talmud est cité, mais les mots שמואל קטן ne se trouvent pas dans la

» Deus quod non resederat animus eius et ait Deus : Afferte super
» me indulgenciam, quod minoravi lunam, et hoc est quod dicit
» Relakys : Quare demittatus est edulus principii mensis ? Quoniam
» dicitur in eodem [Num. xxviii, 15] : Dixit Deus, edulus iste sit in
» indulgenciam super me quod minoravi lunam. »

XVI^ms. Et penituisse iuramenti quod fecit in ira. Hoc legitur
in *Mohed*, in macecta *Aguigna*, in primo perec, ibi dicitur : « *Quod
iuravi in ira mea*, in ira mea iuravi et penitet me. »

[XVII^ms.] Et sibi maledixisse quia iuraverat et absolucionem
exinde postulasse. Hoc legitur in *Iessuhot*, in macecta *Bava Batra*,
in perec *Hamocher*, ubi dicitur : « Dixit Rava filius filii Anna : Dixit
» mihi quidam mercator : Veni, ostendam tibi montem Syna. Et
» vidi quod circumdabant eum scorpiones et erant sicut aggeres albi.
» Et audivi filiam [f° 215 *a*] vocis (vocem Dei) dicentis : Gay (vhe)
» mihi, quia iuravi (glosa : de subieccione Israel), et modo quia
» iuravi quis absolvet me? Cumque venissem coram magistris,
» dixerunt mihi : Omnis Rava asinus, omnis filius filii Ana inscius ;
» erat tibi ad dicendum : *mutharlach, mutharlack* (i. e. solutum tibi,
» solutum tibi, hoc est : absolvo te). Et ille putavit quod iuramen-

---

» Apportez un sacrifice expiatoire pour moi, parce que j'ai diminué la
» lune, et c'est cela que dit Rèsch-Lakisch : En quoi diffère [des autres] le
» bouc [du sacrifice] de la néoménie, dont il est dit [qu'il est consacré] à
» *Dieu ?* C'est que Dieu dit : Ce bouc sera offert en expiation pour moi,
» parce que j'ai diminué la lune. »

XVI. Et qu'il [Dieu] se repentit du serment qu'il avait fait
dans sa colère. Ceci se lit dans *Moëd*, traité de *Hagiga* [1], chap. 1er, où
il est dit : « *Que j'ai juré dans ma colère*, j'ai juré et je le regrette. »

XVII. Et qu'il se maudit d'avoir fait un serment et qu'il a
demandé à en être relevé. Ceci se lit dans *Yeschuot*, traité *Baba-Batra* [2],
chap. *ha-Mokher*, où il est dit : « Rabha, fils du fils de Hana, dit : Un
» négociant m'a dit un jour : Viens, que je te montre le mont Sinaï, et je
» vis qu'il [le mont Sinaï] était entouré de serpents et c'était comme des
» monceaux blancs. Et j'entendis une fille de la voix (voix de Dieu) disant :
» Oï (malheur) à moi, de ce que j'ai juré, (glose : [juré] la sujétion d'Is-
» raël), et maintenant que j'ai fait ce serment, qui m'en relèvera ? Et quand
» je vins devant les docteurs, ils me dirent : Tout Abba [3] est un âne, et
» tout fils du fils de Hana est un ignorant ; tu aurais dû dire [à Dieu] :
» *Muttar lakh, muttar lakh*, (cela t'est permis ! cela t'est permis ! c'est-à-

---

citation. Jacob est *petit*, par allusion à Genèse, xxvii, 15 et 42 ; David, par allusion
à I Samuel, xvi, 11 et xvii, 14. Pour Samuel nous ne savons s'il s'agit ici du prophète ou du docteur Talmud appelé Samuel-le-petit.

[1] F° 10 *a*. Voir article XIV.
[2] F° 73 *b* à 74 *a*.
[3] Le docteur qui parle s'appelle Rabba = Rabbi Abba ; ceci s'adresse donc à lui.

» tum de diluvio illud (esset), et magistri (dixerunt) : Si ita est, quid
» est *Veh mihi?* » Glosa : « Si de iuramento diluvii est, quare dixit :
Veh mihi, cum iuramentum esset bonum ? » sed quia de iuramento
subieccionis erat, dicebat *Veh mihi*, propter dolorem quem inde ha-
bebat, sicut scriptum est : *In omni tribulacione eorum est ei tribulacio*
(Ys. LXIII, 9). » Tamen ibi est *lo* per lameth et aleph scriptum, quod
significat *non*, et legunt *lo* per lameth et vahv. quod significat *ei*.

XVIIIᵃ. AC SINGULIS NOCTIBUS SIBI MALEDICERE QUIA DIMISIT
TEMPLUM ET ISRAEL SUBDIDIT SERVITUTI. Hoc legitur in macecta *Brahod* (quod interpretatur benedicciones), in primo perec, secundo folio,
ubi dicitur : « Tres custodie sunt in nocte, et supra quamlibet custo-
» diam est [lege : et] custodia[m] sedens Deus et clamans sicut leo et
» dicens : Veh mihi, quia destruxi domum meam et combussi pala-
» cium meum et captivavi filios meos inter gentes seculi. Dixit Rby
» Ioce : Semel intravi desertum unum de parietinis Ierusalem ad
» orandum, venit Helyas rememoratus in bonum et custodivit mihi
» ostium et expectavit me donec explevi oracionem. Exivi et dixit
» mihi Helyas : Pax super te, magister meus, et respondi : Pax super

---

» dire : je t'absous ¹); mais lui [Rabha] croyait que la voix parlait du
» serment du déluge ², et les docteurs (dirent) : S'il en était ainsi, qu'au-
» raient signifié les mots : Malheur à moi ! » — Glose ³ : « Si la voix avait
parlé du serment du déluge, pourquoi aurait-elle dit : Malheur à moi ! puisque ce serment était bon ? Dieu avait donc parlé du serment de sujétion,
et il dit : Malheur à moi ! à cause de la douleur qu'il en éprouvait,
comme il est écrit : *Dans toutes leurs souffrances, il y a souffrance pour lui*
[*pour Dieu*] ». Il faut pourtant remarquer qu'il y a là *lo* par les lettres
lamed et *aleph*, ce qui signifie *non*, et les Juifs [déjà la Massora] lisent *lo*
par les lettres *lamed* et *vav*, ce qui signifie *à lui* [Dieu] ⁴.

XVIII. ET QUE CHAQUE NUIT IL SE MAUDIT D'AVOIR ABANDONNÉ LE
TEMPLE ET SOUMIS ISRAEL A LA SERVITUDE. Ceci se lit dans *Berakhot* ⁵
(bénédictions), chap. 1ᵉʳ, folio 2, où il est dit : « La nuit est divisée en
» trois veilles et pour chaque veille Dieu est assis et s'écrie et dit : Malheur
» à moi ! parce que j'ai détruit ma maison et brûlé mon palais et livré
» mes fils en captivité parmi les nations de la terre. Rabbi Yocé dit : Une
» fois je suis entré dans une ruine des ruines de Jérusalem pour prier.
» Survint Elie, de bonne mémoire, et il m'attendit à la porte [ou : me garda
» la porte], et attendit jusqu'à ce que j'eusse fini ma prière. Je sortis, et
» Elie me dit : La paix soit avec toi, mon maître ! Je répondis : La paix soit
» avec toi, mon seigneur et mon maître... Et il me dit : Mon fils, quelle

---

¹ C'est la formule employée pour relever quelqu'un de son vœu.

² Serment de ne plus faire de déluge, et naturellement Rabba ne voulut pas relever
Dieu de ce serment.

³ Interprétation libre de Raschi.

⁴ L'auteur du ms. fait remarquer que le texte porte אל לו, il (Dieu) ne souffre pas,
et non לו לו, il y a souffrance pour lui.

⁵ Fo 3 *a*.

» te, magister mi et domine. (Et infra :) Et dixit mihi : [f° 215*b*] Fili,
» quam vocem audisti in isto deserto ? Dixi ei : Filiam vocis rugien-
» tis (gallico : bruient) ut columba et dicentis : Veh mihi quia feci
» desertam domum meam et combussi palacium meum et captivavi
» filios meos inter gentes seculi. Et ait mihi (Helyas) : Per vitam tuam
» et vitam corporis tui, non hac hora solum dicit ita, immo in omni
» die et die dicit hoc modo; et non tantum, sed in termino in quo
» Israel intrant domos oracionum et domos scolarum et respondent :
» Sit nomen eius (Magistri) benedictum, Deus quatit caput suum
» dicens : Beatus rex qui laudatur in domo sua ita, vhe patri qui
» captivavit filios suos et vhe ipsis filiis qui captivati sunt desuper
» mensam patris sui. »

XIX^{us}. ITEM DICUNT EUM ABRAHE FUISSE MENTITUM. Hoc legitur in
Iessuhot, in macecta *Bava mecya*, in perec *Hachoker*, ubi dicit Rby
Ysmael : « Magnum quid pax, quia [Deus] variavit in ipsa (i. e.
» mentitus est pro illa), sicut scriptum est : *Dixit Deus ad Abraham :*
» *Quare risit Sara uxor tua dicens : Num vere paritura sum anus*
» (Gen. XVIII, 13)? Et non dixerat sic, sed : *Postquam consenui et*
» *dominus meus vetulus est, etc.* [ib. 12], et Deus mutavit verba, ne
» offenderetur Abraham, quia ipsa vetulum vocabat eum. »

» voix as-tu entendue dans cette ruine ? Je lui dis : [J'ai entendu] la fille de
» la voix roucoulant (en fr. bruient) comme une colombe et disant : Mal-
» heur à moi [1] de ce que j'ai dépeuplé ma maison et brûlé mon palais et
» envoyé en captivité mes enfants parmi les nations du monde. Et il (Elie)
» me dit : Par ta vie et la vie de ton corps [2] ! ce n'est pas seulement à
» cette heure que Dieu a dit cette parole, mais chaque jour il parle ainsi,
» et ce n'est pas tout, mais à l'époque où les Israélites entrent dans les
» maisons de prières et les maisons d'études et disent : « Béni soit son nom
» élevé [3], » Dieu secoue la tête et dit : Heureux le roi qu'on loue ainsi
» dans sa maison ; malheureux le père [4] qui a envoyé ses fils en esclavage
» et malheureux les fils qui ont été exilés de la table de leur père. »

XIX. ILS DISENT AUSSI QUE DIEU A MENTI A ABRAHAM. Ceci se lit
dans *Yeschuot*, traité *Baba-Meciya* [5], chap. *ha-Sokker*, où Rabbi Ismaël
dit : « Le prix de la paix est si grand, que Dieu lui-même changea pour
» elle (mentit pour l'amour de la paix), comme il est écrit : *Dieu dit à*
» *Abraham : Pourquoi Sara ta femme a-t-elle ri disant : Pourrai-je encore*
» *enfanter, je ne suis qu'une vieille femme ?* Cependant Sara n'avait pas dit
» cela, mais elle avait dit : *Enfanterai-je après que je suis âgée et que mon*
» *maître est un vieillard,* etc.; mais Dieu changea ces paroles [de Sara],
» pour qu'Abraham ne fût pas offensé d'avoir été appelé vieillard. »

[1] Le texte a : Malheur à mes fils ! car c'est à cause de leurs péchés que j'ai...
[2] Le texte a : Ta tête.
[3] C'est par erreur, sans doute, que le copiste du manuscrit a mis *magistri* entre
parenthèse, comme explication de *eius*.
[4] Le texte a מה לו לאב, Que doit faire le père ?
[5] F° 87 *a*.

XX⁰ˢ. Er Samueli prophete mandasse mentiri. Hoc legitur in
Nassym, in macecta *Ieramoz*, in perec *Habahal Iecimor*, ultimo folio,
ubi dicitur : « Solutum (concessum) mentiri in re pacis, ut dicitur :
Pater tuus precepit nobis antequam moreretur ut hec tibi verba dice-
remus : Obsecro ut obliviscaris sceleris [fᵒ 215 c] *fratrum tuorum*
(Gen. in fine, L, 16 et 17) (et menciebantur). Dicit Rby Nathan :
Eleemosina est (mentiri, scillicet pro pace), sicut scriptum est : *Et ait*
Samuel : Quonam vadam, etc. (Et infra :) *Et dices : Ad immolandum*
Domino veni [I Sam. xvi, 2 et 3]. In domo Rby Hysmael dictum est :
Magnum quid pax, quia Deus mentitus est in ea, primo enim
scriptum est : *Et dominus meus vetulus*, et in fine scriptum est :
Et ego anus (Gen. xix). »

XXI⁰ˢ. Er postquam templum deseruit, ad mensuram IIII⁰ʳ
brachiorum certus sibi locus remansit ubi studet in prefata
doctrina. Hoc legitur in *Mohed*, in macecta *Brakod* (quod interpretatur benedicciones), in primo perec, ubi dicitur : « A die quo deserta
» fuit domus sanctuarii, non sunt Deo nisi IIII⁰ʳ ulne de halaka
» tantummodo locus », i. e. quatuor brachiorum ubi studet in halaka,
i. e. Talmut

XXII⁰ˢ. Er cotidie exercet studium docendo pueros qui decedunt tali sciencia non imbuti. Hoc legitur in *Iessukot*, in macecta

---

XX. Et qu'il [Dieu] aurait chargé le prophète Samuel de mentir.
Ceci se lit dans *Naschim*, traité de *Yebamot*[1], chap. *ha-Ba al yebimto*, dernier fᵒ, où il est dit : « Il est accordé (permis) de mentir pour l'amour de la
» paix, comme il est dit : [Les frères de Joseph lui dirent :] *Ton père nous*
» *a ordonné avant de mourir de te rapporter ces paroles : Je te conjure d'ou-*
» *blier le crime de tes frères*, (et ils mentaient). Rabbi Nathan dit : C'est un
» devoir (de mentir pour l'amour de la paix), car il est écrit : *Et Samuel*
» *dit : Comment irais-je ?* etc., [si Saül l'apprend, il me tuera. Et Dieu lui
» conseille de cacher l'objet du voyage] : *Tu diras : Je suis venu pour offrir*
» *un sacrifice à Dieu.* Dans la maison de Rabbi Ismaël il a été dit : Le
» prix de la paix est si grand, que Dieu mentit pour elle, car il est écrit
» d'abord : *Mon maître est un vieillard*, et à la fin il est écrit : *Je suis une*
» *vieille femme.* »

XXI. Et après qu'il eut quitté le temple, Dieu se réserva un
certain lieu grand de quatre coudées où il étudie la doctrine sus-
dite [talmudique]. Ceci se lit dans *Moëd*, traité de *Berakhot*[2] (bénédictions)
chap. Iᵉʳ, où il est dit : « Depuis que le temple est détruit, il ne reste à
» Dieu qu'un lieu de quatre aunes de *Halakha*, » quatre coudées, où il étudie le *halakha*, c'est-à-dire le Talmud.

XXII. Et il [Dieu] pratique tous les jours l'étude [du talmud] en
l'enseignant aux enfants qui meurent avant de connaître cette

---

[1] Fᵒ 65 b.
[2] Fᵒ 8 a.

de *Avoza zara* (quod interpretatur servicium peregrinorum), in primo
perec, ubi dicitur : « XII hore sunt diei, in tribus primis sedet Deus
» et « myaude » (i. e. studet) in lege; in tribus secundis sedet et
» judicat totum mundum ; quando videt quod totum seculum reum
» est (gallice : audecoz), surgit a sede justicie et sedet in sede miseri-
» cordie ; in terciis sedet et regit (i. e. pascit) totum seculum. a rino-
» cerante usque ad pulices ; in quartis sedet ac ludit cum Leviathan,
» sicut dicitur in Psalmo : *Leviathan istum creasti ad ludendum in eo*
» (Ps. CIV, 26). Querit Aha a Rab Nahaman : A tempore desercionis
» templi a quo non fuit risus coram Domino? Sicut dicit Rby (Ysaac) :
» Sicut [f° 215 d] scriptum est : *Et vocavit Dominus, Deus exercituum,*
» *in die illa ad fletum et ad planctum, etc.* [Is. XXII, 12]. In tribus quar-
» tis horis quid facit? Sedet et docet pueros de domo magistri (i. e.
» qui decedunt dum docerentur adhuc parvuli), sicut scriptum est :
» *Quem docebit scienciam et quem intelligere faciet auditum ? Ablactatos*
» *a lacte et fortes ab uberibus* (Ys. XXVIII, 9). Et ante, qui docebat
» eos (q. d. tum ludebat cum Leviathan) ? Si vis dic Mytraton (ma-
» gnus angelus) et si vis dic quod utrumque faciebat Dominus

SCIENCE. Ceci se lit dans *Yeschuot*, traité de *Aboda-Zara* [1] (culte des payens),
chap. Ier, où il est dit : « Le jour a 12 heures ; pendant les 3 premières,
» Dieu est assis et « myaude » (étudie) la Loi ; pendant le 2° quart,
» Dieu est assis et juge le monde entier, mais voyant que le monde entier
» est coupable (en fr. audecoz [2]), il se lève de son siège de justice et s'as-
» seoit sur le siège de miséricorde ; pendant le 3° quart de la journée,
» Dieu est assis et gouverne (nourrit [3]) le monde entier, depuis le rhino-
» céros jusqu'aux puces [4] ; pendant le 4° quart, Dieu est assis et joue avec
» le Léviathan, comme il est dit dans les Psaumes : *Ce Léviathan que tu as*
» *créé pour jouer avec lui.* Rabbi Aha demande à Rab Nahman : [On dit que]
» depuis la destruction du temple Dieu ne s'est pas réjoui [ou amusé, ou
» n'a pas ri], d'où le savons-nous ? De ce que dit Rabbi Isaac [5] : De ce
» qu'il est écrit : *L'Éternel Dieu des légions appela ce jour-là pour pleurer et*
» *pour gémir etc.?* Pendant le 4° quart que fait Dieu [6] ? Il est assis et
» enseigne la Loi aux élèves de la maison du Patriarche [7] (qui meurent
» à la fleur de l'âge et avant d'avoir achevé leurs études), comme il est
» écrit : *A qui enseignera-t-il la science et à qui fera-t-il comprendre ce qu'on*
» *dit ? A ceux qui sont sevrés du lait et qui sont forts de la mamelle.* Et
» auparavant, qui leur donnait l'enseignement (au temps où Dieu jouait
» avec Léviathan) ? On peut dire que c'était le Métatron (ange supérieur),
» ou bien que Dieu faisait l'un et l'autre en même temps [jouer avec

---

[1] F° 3 b.

[2] Ce mot se trouve encore dans d'autres passages du manuscrit, nous ne pouvons
pas l'expliquer. Il faut peut-être lire « audetoz ».

[3] Ne faut-il pas lire pascit (i. e. regit), car il y a רז dans le texte ?

[4] Le texte a בֵּיצֵי כִּנִּים, œufs de pou.

[5] Ces mots « de ce que dit R. Isaac » ne sont pas dans le texte.

[6] Puisque, depuis la destruction du temple, Dieu ne joue plus avec le Léviathan.

[7] Expression qui sert, en général, à désigner les élèves des écoles. Le patriarche
(Rabban) avait une école spéciale attachée à sa maison, de là cette expression.

« simul » etc. Quod in macecta *Avozazara* superius reperies magis
» plene, ex. d.

XXIII^{us}. ROGAT ECIAM SUPER SE IPSUM UT IUDEORUM DEBEAT MISE-
RERI. Hoc legitur in *Mohed*, in macecta *Brahod*, in primo perec. « Dicit
» Rby Iohan in nomine Rby Ioce : Unde quod Deus orat? Quia
» scriptum est : *Letificabo eos in domo oracionis mee* (Ys. LVI, 7), » non
dicitur *in domo oracionis* SUE, sed *in domo oracionis* MEE, inde quod
Deus orat. « Quid orat? Dicit Rab Papa : Sit voluntas coram me quod
» pietates mee preoccupent iram meam et volvantur pietates mee
» super Iudeos meos, et deducam me cum filiis meis in modum
» pietatis, et quod intrarem cum eis in mensuram iudicii. »

XXIIII^{us}. AC RESPONDIT SE AB EIS VICTUM IN DISPUTACIONE SUA
SUPER EADEM DOCTRINA. Hoc legitur in *Iessuhot*, in macecta *Bava
Mecia* (i. e. Porta media), in perec *Zaha* (i. e. aurum), super quadam
disputacione inter Rby Elyezer et sapientes discipulos, ibi dicitur :
« Respondit Rby Elyezer omnes responsiones seculi [f° 246 *a*] et
» non receperunt ab ipso. Dixit eis: Si est sicut ego (dico), arbor ista
» probet; eradicata est arbor a loco et ivit quatuor ulnas et rediit

---

» Léviathan et enseigner] etc. » Tout cela se trouve plus amplement plus
» haut dans le [résumé du] traité d'*Aboda-Zara* [1].

XXIII. ET IL [DIEU] S'ADRESSE A LUI-MÊME LA PRIÈRE D'AVOIR PITIÉ
DES JUIFS. Ceci se lit dans *Moëd*, traité *Berakhot* [2], chapitre Ier : « Rabbi
» Yohanan dit au nom de Rabbi Yocé : D'où savons-nous que Dieu prie ? De
» ce qu'il est écrit : *Je les réjouirai dans ma maison de prière.* » Il ne dit pas
dans *leur* maison de prière, mais dans *ma* maison de prière, « d'où je
» conclus que Dieu prie. Quelle prière fait-il ? Rab Papa [3] dit : [Il dit :]
» Que ce soit ma volonté que ma miséricorde l'emporte sur ma colère et
» que ma miséricorde se tourne sur mes Juifs [4], et que je traite mes enfants
» avec la mesure de la miséricorde et que je me place avec eux en-deçà
» de la mesure de la [stricte] justice. »

XXIV. ET IL [DIEU] AVOUE QU'IL A ÉTÉ VAINCU PAR LES JUIFS DANS
UNE DISCUSSION SUR CETTE MÊME DOCTRINE [talmudique]. Ceci se lit dans
Yeschuot, traité *Baba-Meciya* [5] (porte du milieu), chapitre *ha-Zahab* (l'or),
au sujet d'une discussion entre Rabbi Eliézer et les docteurs [6], où il est
dit : « Rabbi Eliézer donna toutes les réponses du monde, et les docteurs
» ne les accueillirent pas. Il leur dit : Si la chose est comme moi (je dis),
» que cet arbre-ci le prouve. L'arbre s'arracha de sa place, s'avança de

---

[1] Résumé qui se trouve dans le manuscrit, f° 186 *a*, ou f° 90 *a* de l'ancienne pagination; il faut peut-être lire : [f°] xc (au lieu de cx) ?

[2] F° 7 *a*.

[3] Le texte a : Rab Zutra bar Tobiyya au nom de Rab. Peut-être faut-il ajouter
à ce dernier mot le nom de Papa.

[4] Le texte a : sur mes règles [sévères] de justice [et les emporte].

[5] F° 59 *b*.

[6] תלמידי חכמים, disciples des docteurs.

» et stetit in loco suo; dixerunt ei : Non affert homo similitudine[m]
» (exemplum) de arbore. — Dixit eis : Si est ut ego (dico), rivus
» aquarum probet ; redierunt [aque] retro ; dixerunt ei : Non affert
» homo exemplum de aquis. — Dixit eis : Si est sicut ego, parietes
» domus scole probent; inclinaverunt se parietes scole ad cadendum,
» redarguit eos (parietes) Rby Iossua : Si discipuli sapiencium vin-
» cant iste istum, quid vobis ad casum ? Non ceciderunt [parietes],
» super honorem Rby Iossua, et non erexerunt se, super hono-
» rem Rby Elyezer, et adhuc stant inclinati. — Dixit eis : Si est
» sicut ego (dico), de celis probent ; exivit filia vocis (vox Dei)
» et dixit eis : Quid est vobis juxta Rby Elyezer, verum enim est
» sicut ipse (dicit) in omni loco. Surrexitque Rby Iossua super pedes
» suos et ait : *Non est in celis illa* (lex) [Deut. xxx, 12], (scilicet) quid
» est *non est in celis illa?* Iam data est nobis super montem Syna et
» scriptum est in ea : *Post plures declinabis* [Ex. xxxii, 2]. Invenit
» Rby Nathan Helyam et dixit ei : Quid dixit Deus in illa hora ?
» Respondit : Risit et dixit : Vicerunt me filii mei, vicerunt filii
» mei. »

XXVⁿⁱ. ET TER DIE QUOLIBET LACRIMATUR. Hoc legitur in *Moĕd*,
in macecta *Aguigua*, in primo perec, ubi dicitur : « *Et si non audie-*
» *ritis eam, in absconditis plorabit anima mea propter superbiam* [Ier.

» quatre coudées et retourna à sa place. Les docteurs lui dirent : On n'ap-
» porte pas de preuve (exemple) d'un arbre. Il leur dit : Si c'est comme
» moi (je dis), que ce ruisseau le prouve. Les eaux [du ruisseau] retour-
» nèrent vers leur source. Les docteurs lui dirent : On n'apporte pas de
» preuve de l'eau. Il leur dit : Si j'ai raison, que le mur de cette maison
» d'école le prouve. Les murs de l'école s'inclinèrent jusqu'à tomber,
» Rabbi Josué les interpella (les murs) : Si les disciples des docteurs
» triomphent l'un de l'autre, en quoi cela vous regarde-t-il ? Ils [les murs]
» ne tombèrent pas, par respect pour Rabbi Josué, ils ne se relevèrent pas,
» par respect pour Rabbi Eliézer, et ils sont restés inclinés jusqu'à ce jour.
» Rabbi Eliézer dit : Si c'est comme moi (je dis), que du haut du
» ciel on le prouve. Une fille de la voix (voix de Dieu) se fit entendre et
» leur dit : Qu'avez-vous avec Rabbi Eliézer, les choses sont toujours
» comme lui (le dit). Rabbi Josué se dressa sur ses pieds et dit : *Elle*
» (la Loi) *n'est pas dans les cieux*, qu'est-ce à dire ? La Loi nous a été
» donnée sur le Sinaï et il y est dit : *Tu te décideras d'après la majorité,*
» [la décision de la majorité des rabbins, et non d'après une autre autorité,
» même céleste]. Rabbi Natan rencontra Elie et lui demanda : Que dit
» Dieu à ce moment-là ? Elie répondit : Dieu sourit et dit : Mes fils m'ont
» vaincu, mes fils m'ont vaincu ! »

XXV. ET IL [DIEU] PLEURE TROIS FOIS PAR JOUR. Ceci se lit dans *Moĕd*,
traité de *Hagiga* [1], chapitre Ier, où il est dit : « *Si vous ne l'écoutez pas,*
» *mon âme pleurera dans les retraites cachées, à cause de l'orgueil.* Rab Samuel

[1] Fº 5 b.

» xiii, 17). Quid est *in absconditis?* Dixit Rab [f° 216 *b*] Samuel filius
» Yla in nomine Rab : Locus est Domino ubi plorat in eo et abscon-
» dita nom.en eius » loci. Scilicet « quid est *propter superbiam ?* Dixit
» Rab Samuel filius Rby Ysaac : Propter superbiam Israel que
» ablata est ab eis et data gentibus seculi. Dicit Rab Samuel filius
» Naaman . Propter superbiam regalitatis celorum. Et est ne fletus
» coram Deo ? et nonne dixit Rab Papa : Non est ita [lege : tristicia]
» coram Deo, sicut scriptum est : *Confessio et pulchritudo coram eo,*
» *fortitudo et gaudium in loco suo* (Ps. xcvi, 6) ? » Solvunt : « Hoc non
» gravat, istud est in domibus intrinsecis, illud in extrinsecis (q. d.
» in istis plorat, in illis gaudet). Et nonne scriptum est (Ys. xxii, 12):
» *Vocavit Dominus Deus exercituum in die illa ad fletum et planctum,*
» *etc.?* » Solvunt : « Variata est desercio domus sanctuarii, quia
» eciam angeli [suppl. pacis] fleverunt, sicut scriptum est : *Angeli*
» *pacis amare flebunt, et iterum plorans plorabit anima mea et des-*
» *cendet de oculo meo lacrima, quod captivatus est grex Domini* (Ier.
» xiii, 17). Dixit Rby Eleazar : Tres iste *lacrime* ad quid (*Plorans,*
» *plorabit, lacrima*) ? Una super sanctuarium primum, et una super
» sanctuarium secundum, et una super Israel, quia sunt captivati. Et
» aliqui dicunt : Una super impedimentis legis. (Et infra :) Dicunt
» magistri : Super tres plorat Deus cotidie, super illum qui potest
» studere in lege et non studet, et super illum qui non potest

---

» fils d'Illa dit au nom de Rab : Dieu a un lieu où il pleure et le nom de
» ce lieu est retraite [en hébr. mistarim]. Que signifient les mots *à cause*
» *de l'orgueil ?* Rabbi Samuel fils de Rabbi Isaac dit : [Cela signifie :] A
» cause de la gloire d'Israel, qui leur a été enlevée et donnée aux nations
» du monde. Rabbi Samuel fils de Nahmani dit : A cause de la gloire de la
» royauté du ciel [de Dieu]. Mais est-ce que Dieu peut pleurer, Rab Papa
» a pourtant dit : Il n'y a pas d'affliction pour Dieu, car il est écrit :
» *L'éclat et la beauté sont devant lui, la force et l'allégresse sont devant sa*
» *face ?* » Réponse : « Cela ne fait point de difficulté, ici il s'agit de sa
» demeure intérieure; là, de sa demeure extérieure (Dieu pleure dans
» celle-ci [en cachette], il se réjouit dans celle-là). Cependant n'est-il
» pas écrit : *L'Eternel, le Dieu des armées, appela en ce jour le gémissement et*
» *le deuil, etc.* [donc il pleure] ? » Réponse : « La destruction du temple
» est autre chose [Dieu y a pu pleurer], car alors même les anges [de la
» paix [1]] pleurèrent, comme il est dit: *Les anges de la paix pleureront*
» *amèrement, et mon âme pleurera des larmes et des larmes, et mes yeux lais-*
» *seront couler des larmes, parce que le troupeau du Seigneur est conduit en*
» *captivité.* Rabbi Eliézer dit : Pourquoi trois fois ce mot *larmes ?* Une
» fois pour le premier temple, une fois pour le second temple, et la troi-
» sième fois à cause d'Israël conduit en captivité. D'autres [docteurs]
» disent : Une fois, à cause de la cessation de la Loi [ou des études]...
» Les docteurs disent : Sur trois personnes Dieu pleure chaque jour,
» sur celui qui sait étudier la loi et ne le fait pas, sur celui qui ne sait

---

[1] Restitué d'après le texte.

» studere et studet, et super rectorem qui superbit super [f° 216 c]
» populum pro nichilo. »

XXVI^{us}. DE XPISTO ECIAM DICERE NON VERENTUR QUOD MATER
EIUS EUM DE ADULTERIO CONCEPIT EX QUODAM QUI AB EIS PANDERA
VULGARITER APPELLATUR. Hoc legitur in *Iessulot*, in macecta *Cen-hezeryn*, in perec *Arba Mitoz*, ubi dicitur : « Et ita fecerunt filio
» Catada in Loz et suspenderunt eum in vespere Pasche. » — Obi-
citur : « Filius Chatada ! fuit filius Pandera ? Dixit Rab : Maritus
» fuit Chatada, adulter Pandera. » — Obicitur : « Maritus fuit Papod
» filius Iuda ? » Solvunt : « Scilicet dic mater eius Chatada. » — Obicitur : « Mater eius fuit Myriam (Maria) stibiatrix et comparatrix
» mulierum ? » Solvunt : « Hoc est sicut dicitur in Pumbezitha : De-
» clinavit hec (adulterando) a viro suo. » Super hoc dicit glosa :
« Filius Chatada est Ihesus noceri (nazarenus). » Hec eadem verba
sunt in *Mohed*, in macecta *Sabba*, in perec *Aboae*, in fine.

XXVII^{us}. ET QUOD IDEM IHESUS IN STERCORE CALIDO PATITUR IN
INFERNO, QUONIAM IRRIDEBAT VERBA SAPIENCIUM PREFATORUM. Hoc
legitur in *Nassym*, in macecta *Guittim*, in perec *Hanizakym*, ubi dicitur : « Encloz filius sororis Tythot (Titi) fuit, et voluit Iudeus
» fieri ; » et infra : « Ivit et fecit ascendere Ihesum in phitonia (in

---

» pas étudier et étudie cependant, et sur l'administrateur qui se montre
» arrogant envers le peuple sans aucun motif. »

XXVI. DU CHRIST ILS NE CRAIGNENT PAS DE DIRE QUE SA MÈRE LE
CONÇUT DANS L'ADULTÈRE, D'UN CERTAIN HOMME QU'ILS APPELLENT ORDI-
NAIREMENT PANDERA. Ceci se trouve dans *Yeschuot*, traité *Sanhédrin*[1],
chapitre *Arba Mitot*, où il est dit : « C'est ce qu'ils firent au fils de Satada
» à Lud [Lydda ?], qu'ils pendirent la veille de la Pâque. » Demande : « Le
» fils de Satada ! n'est-ce pas plutôt le fils de Pandéra ? Rab répond : Le
» mari [de sa mère] s'appelait Satada ; l'amant, Pandéra. » Objection :
« Mais non, le mari s'appelait Pappos, fils de Juda ? » Réponse : « C'est
» donc sa mère qui s'appelait Satada. » Demande : « Mais non, la mère
» s'appelait Miriam (Marie), la coiffeuse et l'accoupleuse de femmes ? »
Réponse : « C'est vrai, mais [si on lui donne aussi le nom de Satada] c'est
» d'après l'usage de la ville de Pumbadita, [où l'on dit] : Celle-ci s'est éloi-
» gnée [en chaldéen : satada da] de son mari (en commettant l'adultère). »
La glose dit là-dessus : « Le fils de Satada, c'est Jésus Noceri (de Nazareth).»
Cela se trouve dans les mêmes termes dans *Moëd*, traité de *Sabbat*, chapitre
ha-Boné, à la fin[2].

XXVII. ET QUE CE MÊME JÉSUS SUBIT DANS L'ENFER LE SUPPLICE DE LA
BOUE BOUILLANTE, PARCE QU'IL S'ÉTAIT MOQUÉ DES PAROLES DES DOCTEURS.
Ceci se lit dans *Naschim*, traité de *Gittin*[3], chapitre *ha-Nizakin*, où il est
dit : « Onkelos était fils de la sœur de Titos (Titus) et il voulut se faire

[1] F° 67 *a*.
[2] F° 104 *b*.
[3] F° 56 *b*.

» caldeo d' 'tur *negnigua*, in hebreo *orif*) dixitque ei : Quis valens
» in alio seculo (i. e. qui meliores) ? Dixit ei : Israel. — Quid est
» adiungi eis ? Respondit : Bonum eorum quero, malum suum [lege :
» eorum ?] non quero, quia *omnis qui tangit eos, quasi tangeret in*
» *pupilla oculi sui* [Zach. 11, 12]. Dixit ei : Iudicium illius hominis
» in quo (i. e. Ihesu)? Respondit ei : In stercore bullienti, quia om-
» nis derridens [f° 216 *d*] super verba sapiencium iudicatur in ster-
» core bullienti, » q. d. propter hoc taliter sum punitus.

XXVIII^us. Adhuc dicunt quod quelibet verba polluta pro-
ferre, peccatum est, exceptis que in contemptum ecclesie
vergere dinoscuntur. Hoc legitur in *Iessuhot*, in macecta *Cenhe-*
zerym, in perec *Arba Mithot*, ubi dicitur : « Omnis blasphemia vetita
» est, preter blasphemia avozazara (ecclesie). » Eadem verba sunt
» in *Moned*, in macecta *Meguilla*, in perec *Hacore ez ha Meguilla*.
Unde habent in usu quod beatam virginem pollutam ac meretricem,
et eucharistiam sacrificium pollutum appellant ; beatam scilicet
virginem *themea* (quod est polluta) et *hezeza* (quod est meretrix)
vocant ; eucharistiam *zeva tame* (quod est sacrificium pollutum).

XXIX^us. Et utuntur quibusdam vocabulis quibus romanum
pontificem et Xpistianitatem dehonestant. Vocant enim sanctos

---

» juif. Il alla et fit monter Jésus par évocation (en chaldéon : *negida*, en
» hébreu, *obh*), et il lui dit : Qui est estimé (le mieux traité) dans l'autre
» monde ? Il répondit : Les Israélites.— Que serait-ce si je m'affiliais à eux ?
» Il répondit : Je cherche à leur faire du bien, et non pas à leur faire du
» mal, car *quiconque touche à eux, est comme s'il touchait la pupille de l'œil de*
» *Dieu.* Onkelos dit : En quoi consiste le supplice de cet homme (Jésus) ?
» Il répondit : Dans [le supplice de] la boue bouillante, car quiconque se
» moque des paroles des docteurs est condamné à la boue bouillante, »
c'est pour cela que moi Jésus j'y suis condamné.

XXVIII. Ils disent aussi que quiconque prononce des paroles
indécentes, commet un péché, excepté les paroles qui sont connues
pour tendre au mépris de l'église. Ceci se lit dans *Yeschuot*, traité du
Sanhédrin [1], chapitre *Arba Mitot*, où il est dit : « Toute parole indécente
» est défendue, excepté le blasphème contre l'aboda–zara (l'Église [2]). » Ces
mêmes paroles se trouvent dans *Moëd*, traité de *Megilla* [3], chapitre *ha–Coré*
et ha–Megilla. Par suite, les Juifs ont coutume d'appeler la sainte Vierge,
l'impure et la courtisane, et l'Eucharistie, sacrifice impur ; car ils appellent
la sainte Vierge, *teméa* (impure) et *kedéscha* (la courtisane) ; l'eucharistie,
zébah tamé (sacrifice impur).

XXIX. Et ils se servent de certaines expressions par lesquelles
ils offensent le Pontife romain et la Chrétienté. Car ils appellent

---

[1] F° 63 *b*.
[2] Il n'y a pas le moindre doute que Aboda Zara signifie les idoles, le culte payen.
[3] F° 25 *b*.

kezessym (quod est scortatores) et sanctas *kezesoz* (quod est mere-
trices), et ecclesiam *beth-mossab* vel *beth-kyce* (quod est latrina). Item
crucem et ecclesiam *toheva* (quod est abbominacio); aquas bene-
dictas *maym temeym* (i. e. aquas pollutas); benediccionem *kelala*
(quod est malediccio); predicacionem *nebua* (quod est latratus). Item
legitur in *Iessuhot*, in macecta *Avozazara*, in primo perec, quod vetitum est homini dicere : Quam pulcher est iste goy (Xpistianus) !
Unde in usu habent pulcrum vocare *mekoar* (quod est turpe) et
turpe *mekoar maginas* (?), (quod est turpe proprie). Omnibus eciam
festis nostris imponunt nomina blasphemie.

XXX⁰ˢ. IN SINGULIS DIEBUS TER IN ORACIONE QUAM DIGNIOREM
ASSERUNT MINISTRIS ECCLESIE, REGIBUS ET ALIIS OMNIBUS, IPSIS
IUDEIS INIMICANTIBUS, MALEDICUNT. [fᵒ 217 *a*] Ista oracio est in
Talmut et debet dici stando et iunctis pedibus, nec ullo modo debet
loqui de alio donec illam finierit qui eam dicit, nec eam interrum-
pere, etiam si serpens involveretur talo eius. Hanc dicunt viri et
mulieres ter ad minus cotidie, viri in hebreo et mulieres in vulgari,

---

nos saints des *kedéschim* (libertins), les saintes, des *kedéschot* (courti-
sanes), l'Église, *bét-moschab* ou *bét-kycé* (latrines), la croix et l'église, *toëba*
(abomination) ; l'eau bénite, *mayim teméim* (eaux impures) ; la bénédiction,
kelala (malédiction) ; la prédication, *nabuah* (aboiement) [1]. De même, on lit
dans *Yeschuot*, traité *Aboda Zara* [2], chapitre Iᵉʳ : « Il est défendu de dire :
Que ce goy (chrétien) [3] est beau ! » De là vient qu'ils ont coutume d'appeler
un homme beau *mekhoar*, ce qui veut dire honteux, et ce qui est honteux,
ils l'appellent *mekhoar meguné* [4], ce qui signifie honteux proprement dit, et
à toutes nos fêtes ils donnent des noms blessants.

XXX. ET TROIS FOIS PAR JOUR, DANS LA PRIÈRE QU'ILS REGARDENT
COMME LA PLUS IMPORTANTE, ILS MAUDISSENT LES MINISTRES DE L'ÉGLISE,
LES ROIS, ET TOUS LES AUTRES, MÊME JUIFS, QUI SONT LES ENNEMIS DES
JUIFS. Cette prière est dans le Talmud et on doit la dire debout, les pieds
joints [5], et celui qui la récite doit se garder de parler d'autre chose jusqu'à
ce qu'elle soit achevée, et de s'interrompre, quand même un serpent s'en-
roulerait autour de son talon. Cette prière doit être dite par les hommes
et les femmes trois fois au moins [6] par jour, par les hommes en hébreu, par

---

[1] Cette dernière expression était certainement employée pour désigner la prédication des frères prêcheurs, si hostiles aux Juifs.

[2] Fᵒ 20 *a*.

[3] Goy ne veut pas dire chrétien.

[4] C'est ainsi qu'il faut probablement lire dans le ms. latin.

[5] On sait que c'est la prière dite des 18 eulogies (schemoné essré). La formule de
malédiction à laquelle se rapporte ce paragraphe est la 12ᵉ eulogie. Elle ne se rapporte absolument qu'aux traîtres qui dénonçaient les Juifs chez les Romains (מלשינים).
Autrefois, dans les temps qui suivirent la destruction du temple, le texte portait
sans doute מינים et s'appliquait aux hérétiques de cette époque, parmi lesquels on
comprenait peut-être aussi les chrétiens du temps.

[6] Pourquoi *au moins* ? Elle doit être dite trois fois.

et utrique submisse. Insuper sacerdos dicit eam bis in alto, et alii respondent « Amen » ad quamlibet inprecacionem. Capitulum autem oracionis in quo maledicunt illis quos supra diximus, tale est : « Conversis non sit spes et omnes mynym (infideles) in hora (repente) disperdantur, et omnes inimici gentis tue Israel discindantur, et regnum nequicie eradices et confringas et conteras et declines omnes innimicos nostros velociter in diebus nostris ; benedictus tu Deus frangens inimicos et declinans impios. » Hoc capitulum vocatur benediccio Mynim et tota oracio Semone Hecero (quod est X et VIII), quamvis sint XIX benedicciones. Unde super hoc obicitur in *Mohed*, in macecta *Brakot*, in perec *Tefilaz hasalzyr* (i. e. oratio matutina) : « Iste numquid sunt tantum XVIII, XIX » sunt? Dicit Rby Levy : Benediccionem Mynim (infidelium) in Iavne » statuerunt eam. » — Glosa Salomonis : « Longo tempore post alias, prope heresym Ihesu noceri (nazareni) qui docuit eos (infideles) pervertere verba Dei vivi. » In libro enim *Mohed*, in macecta *Reshasana* (i. e. caput anni), in primo perec dicitur : « Mynim sunt discipuli Ihesu noceri qui subverterunt verba Dei vivi in malum. » Eodem verba sunt in eodem libro in macecta *Brakot*.

XXXI^{us}. Continetur eciam in doctrina prefata quod Iudei

les femmes en langue vulgaire[1], et par les uns et les autres à voix basse. De plus, l'officiant la dit deux fois [par jour] à haute voix, et les fidèles répondent Amen à chaque imprécation. Le paragraphe de cette prière dans lequel ils maudissent ceux que nous avons dit ci-dessus est ainsi rédigé : « Que pour les convertis[2] il n'y ait pas d'espoir et que tous les *minim* (infidèles) soient dispersés sur l'heure (subitement), et déracine le royaume de la perversité, et réprime et broie et renverse tous nos ennemis, bientôt et de nos jours ; béni sois-tu, notre Dieu, qui brises nos ennemis et renverses les impies. » Ce paragraphe est appelé « eulogie des minim, » et toute la prière s'appelle *Schemond Essré* (c'est-à-dire dix-huit bénédictions), quoiqu'il y en ait dix-neuf. De là vient qu'on fait cette question dans *Moëd*, traité de *Berakhot*[3], chap. *Tefillat ha-schahar* (la prière du matin) : « N'y en a-t-il » que dix-huit [bénédictions], il y en a pourtant dix-neuf ? Rabbi Lévi » répond : La bénédiction des *minim* (infidèles) a été instituée à Yabné. » Glose de Salomon : «Longtemps après les dix-huit autres, après l'hérésie de Jésus Noceri (de Nazareth), qui leur a appris (aux infidèles) à renverser les paroles du Dieu vivant. » En effet, dans *Moëd*, traité *Rosch-Haschana* (commencement de l'année), chap. Ier, il est dit : « Les minim, ce sont les disciples de Jésus Noceri, qui ont tourné en mal les paroles du Dieu vivant. » Ces mêmes paroles se trouvent dans le même Ordre, traité de *Berakhot*.

XXXI. La même doctrine [talmudique] dit que les Juifs ne souf-

---

[1] L'usage de prier en langue vulgaire, non en hébreu, a toujours existé chez les juives françaises (non chez celles d'origine germano-polonaise). Il existe encore chez les juives du rite portugais de France.

[2] Voir note 5, page précédente.

[3] F° 28 *b*.

ULTRA XII MENSES PENAM INFERNI MINIME PACIENTUR, NEC ULTE-
RIUS POTEST EIS PENA GEHENALIS NOCERE. Hoc legitur in libro
Mohed [f° 217 *b*], in macecta [suppl. *Heruvym*, in perec] *Ocym pacym*,
ubi dicitur : « Peccatores Israel non habet ignis inferni potestatem
» in ipsis. » Et infra obicitur : « Nonne scriptum est : *Transeuntes in*
» *vallem ploracionis* (Ps. LXXXIV, 7), hoc dictum est super eis qui
» transgrediuntur voluntatem Dei, quod profundatur eis infernus
» et ibi plorant peccata sua ? » Solvunt : « Illud est de illis qui
» debent penam unius hore in inferno et Abraham descendit et facit
» eos inde ascendere, preter illum qui coit cum goya (Xpistiana),
» quia prepucium eius extenditur et cognoscit eum Abraham, »
quia circumcisio non apparet.

Quod autem ultra XII menses penam inferni minime paciantur,
probatur per illud quod legitur in primo perec de *Ros hasana*, ubi
dicitur : « Peccatores Israel in corporibus suis (i. e. qui non ponunt
» filacteria in capitibus suis) et peccatores gencium seculi in corpo-
» ribus suis, descendunt in infernum et iudicantur in eo XII men-
» sibus; post XII menses, corpus eorum finitur et anima ipsorum
» comburitur et ventus dispergit ea (corpora) et fiunt pulvis sub
» planta pedum iustorum, sicut scriptum est : *Et calcabitis impios*
» *cum fuerint cinis sub planta pedum vestrorum* (Mal. III, 21), sed illi
» qui separati sunt a viis synagoge, sicut mynim (infideles) et Essi-

---

FRENT PAS LA PEINE DE L'ENFER AU-DELA DE DOUZE MOIS ET QUE LE CHA-
TIMENT DE LA GÉHENNE NE PEUT LES ATTEINDRE PLUS LONGTEMPS. Ceci
se lit, dans *Moëd*, traité [de Erubin[1], chap.] *Ocim Passim*, où il est dit :
« Les pécheurs israélites, le feu de l'enfer n'a point de puissance sur eux. »
Et on objecte plus bas : « N'est-il pas écrit : *Ceux qui passent dans la vallée*
» *des pleurs*, et cela ne s'applique-t-il pas à ceux qui transgressent la volonté
» de Dieu, pour dire que l'enfer se creuse pour eux et qu'ils y pleurent leurs
» péchés ? » Réponse : « Cela s'applique à ceux qui ne doivent subir en
» enfer que la peine d'une heure, et Abraham arrive alors et les fait
» monter, sauf ceux qui ont convolé avec une goya (chrétienne)[2]. »

Et qu'au delà de douze mois les Juifs ne subissent plus la peine de
l'enfer, ceci est prouvé par ce qui se lit dans le chapitre Ier de *Rosch-
Haschana*[3], où il est dit : « Les Israélites qui pèchent par le corps (qui
» ne mettent point les phylactères sur la tête) et les gentils qui pèchent
» par le corps, descendent en enfer et y sont jugés [punis] pendant
» douze mois. Après ces douze mois, leur corps est consumé, leur âme est
» brûlée et le vent les disperse (les corps) et répand en poussière sous la
» plante des pieds des justes, comme il est écrit : *Et vous foulerez aux pieds*
» *les impies, quand ils seront réduits en poussière sous la plante de vos pieds ;*
» mais ceux qui se sont séparés des voies de la synagogue, tels que les
» *minim* (hérétiques) et les *apicorecim* [Epicuriens] (qui méprisent les

---

[1] F° 19 *a*.
[2] Payenne.
[3] F° 17 *a*.

» corezym (qui spernunt verba sapientium) et *Macoroz* (accusatores)
» qui tradunt censum Israel in manibus goym (i. e. gencium) et
» *Messumatym* (apostate a fide), et qui abnegaverunt legem, et qui
» abnegaverunt resureccionem mortuorum, et illi qui dederunt
» timorem suum in terra vite (presentis), et illi qui peccaverunt et
» alios fecerunt peccare sicut Ieroboam filius [f° 217 c] Naboth et
» socii sui, descendunt in infernum et iudicantur in eo a generacione
» in generacionem, sicut scriptum est : *Eggredientur et videbunt ca-*
» *davera virorum qui prevaricati sunt in me, vermis eorum non mo-*
» *rietur et ignis non extinguetur* [Is. LXVI, 24], infernus finit, et ipsi
» non finiunt (Ys., in fine). »

In libro etiam *Mohed*, in macecta *Sabad*, legitur quod Rby Symeon
et filius eius dixerunt : « Iudicium impiorum in inferno XII men-
» sium. »

XXXII**ᵘˢ**. AC SECURUS EST IN FUTURO QUI IN DOCTRINA PREFATA
STUDUERIT IN PRESENTI. Hoc legitur in libro *Mohed*, in macecta
Meguilla, in perec *Bene hair* : « Dictum est in domo Helye : Omnis
» qui studet in *Halahod* (verbis Talmut), assecuratum est ei quod
» erit filius futuri seculi. » Eadem verba sunt in libro *Nassim*, in
macecta *Nydda*, in fine.

XXXIII**ᵘˢ**. ET OMNES IEIUNANTES REPUTANT PECCATORES. Hoc legi-

---

» paroles des sages) et les *meçorot* (délateurs) qui livrent le cens des Juifs
» dans les mains de goyim[1] (gentils) et les *meschummedin* (apostats), et ceux
» qui ont nié l'autorité de la loi, et ceux qui ont nié la résurrection des
» morts, et ceux qui ont fait régner la terreur sur la terre, et ceux qui
» ont péché et ont fait pécher les autres, tels que Jéroboam fils de Nebot
» et ses compagnons, descendent en enfer et y sont punis éternellement,
» comme il est écrit : *Ils sortiront et ils verront les cadavres des hommes qui*
» *ont prévariqué contre moi, leur pourriture ne mourra pas et le feu [qui les*
» *consume] ne s'éteindra pas* ; l'enfer finira, mais eux ne finiront pas [ni
» leurs peines]. »
Dans *Moëd* aussi, traité de *Sabbat*, on lit : « Rabbi Siméon et son fils,
» dirent : Le châtiment des impies dans l'enfer dure douze mois. »

XXXII. ET QUICONQUE ÉTUDIE DANS CETTE LOI [LE TALMUD] SUR CETTE
TERRE, EST SÛR DE GAGNER LA VIE FUTURE. Ceci se lit dans *Moëd*, traité
Meguilla[2], chap. *Bené ha-ir* : « On a dit dans la maison d'Élie : Tout homme
» qui étudie les *halakhot* (Talmud), est sûr d'être fils du monde futur. »
Ces mêmes paroles se trouvent dans *Naschim*, traité de *Nidda*, fin[3].

XXXIII. ET ILS [LES JUIFS] CONSIDÈRENT COMME DES PÉCHEURS TOUS
CEUX QUI JEÛNENT. Ceci se lit dans *Moëd*, traité de *Taanit*[4], chap. Iᵉʳ, où il

---

[1] Ceci se rapporte aux délations qui eurent lieu lorsque les Juifs ne voulurent
pas se soumettre au cens des Romains.

[2] F° 28 *b*.

[3] F° 73 *a*.

[4] F° 11 *a*.

tur in libro *Mohed*, in macecta *Takniz*, in primo perec, ubi dicitur :
« Dicit Rby Samuel : Omnis sedens in ieiunio vocatur peccator, sicut
» legitur de nazareo : *Et ignoscetur ei, quia peccavit super anima* »
[Num. VI, 11]. Et legimus Rby Eleazar hakapar dicentem : « Quid
» docet discere : *Et ignoscetur ei, etc.*? In qua anima peccavit iste?
» Scilicet quia angustiavit se ipsum a vino (abstinendo) et certe per
» leve et grave (per locum a maiori) : Et quid iste qui non angustiavit
» se nisi a vino vocatur peccator, (multo magis) ille qui angustiat se
» ab omnibus super unam (rationem) tot et tot (i. e. non tantum una
» racione, sed multis). »

XXXIIII^{us}. Dicentes Adam cum omnibus brutis et serpentem cum
Eva coisse. De Adam legitur in libro *Nassym* [f° 247 d], in macecta
Ievamot, ibi dicit Rby Eleazar : « Quid est quod scriptum est : *Hoc*
» *nunc os ex ossibus meis et carnis de carne mea* [Gen. II, 23]? Docet
» quod venit super omne animal et feram, nec fuit refrigidatus eius
» animus donec fuit ei parata Eva. » — Glosa Salomonis : « *Hoc nunc*,
ergo aliis vicibus servivit (coiit cum illis) et non ascenderunt in
animum eius (i. e. non placuerunt ei). »

XXXV^{us}. Et Cham Nohe patre suo fuisse abusum. Hoc legitur
in libro *Iessukot*, in macecta *Cenhezerim*, ubi dicitur ; « Et vidit Cham,
» pater Chanaan, verenda patris sui, etc. Rab et Samuel, unus di-
» cit : castravit ipsum ; alius dicit : abusus est illo. » Supra est ple-
nius in macecta predicta.

Hii sunt articuli pro quibus precepit papa Gregorius libros hoc
continentes comburi.

---

est dit : « Rabbi Samuel dit : Tout homme qui jeûne est appelé pécheur,
» comme il est écrit du naziréen : *Et il lui sera pardonné, parce qu'il a péché*
» *contre sa personne*. Et nous lisons que Rabbi Eliézer ha-Kappar dit : Que
» veulent dirent les mots, *et il lui sera pardonné, etc.* ; contre quelle per-
» sonne a-t-il péché ? Son péché consiste en ce qu'il s'est privé (abstenu)
» de vin, donc, par le raisonnement du léger et du grave (à fortiori) : Celui
» qui ne s'est abstenu que de vin est appelé pécheur, à plus forte raison
» celui qui s'abstient de tout [1]. »

XXXIV et XXXV. [Ces points sont relatifs, le premier, au commerce
qu'Adam aurait eu avec les bêtes ; le second, à l'injure faite par Cham à
Noé. Pour le premier, l'auteur renvoie à *Naschim*, traité de *Yebamot* [2] ; pour
le second, à *Yeschuot*, traité de *Sanhédrin* [3]. Il ajoute que de ce second
point il a traité plus amplement plus haut, quand il a fait le résumé dudit
traité. Il termine enfin par ces mots] : Voilà les articles pour lesquels le
pape Grégoire [IX] a ordonné de brûler ces livres.

---

[1] Le « super unam rationem, tot et tot rationes » est précisément la formule
employée toujours pour indiquer un raisonnement *à fortiori*.

[2] F° 63 *a*.

[3] F° 70 *a*.

[F° 230 c]... Denique nolo vos in futurorum cautelam et maiorem certitudinem precedencium hoc latere quod cum super combustione librorum Talmud prescripta mirabilia et hiis similia continencium coram xpristianissimo rege nostro Ludovico causa fuisset aliquandiu ventilata, [f° 230 d] tandem dedit nobis alios auditores, videlicet archiepiscopum Senonensem, episcopum Silvanectensem, cancellarium Parisiensem, nunc autem Tusculanum episcopum et apostolice sedis legatum in Terra sancta. Statuta itaque die nobis vocatisque periclioribus Iudeorum magistris coram se citatis, ceperunt inquirere super premissis veritatem. Et primum introductus est secundum eos peritissimus et per totum famosissimus judaismum nomine Vino Meldensis. Horum deposiciones hic interferre non arbitror superfluum.

[*Confessio magistri Vivo*].

[I.] Predictus magister Vivo nullo modo voluit iurare.

[II.] Dixit quod liber Talmud nunquam mentitus est.

[III.] Dixit quod Ihesus Noceri est Ihesus Nazarenus, filius Myriam (Marie), qui fuit suspensus in vespere Pasche, et de illo confessus est quod fuit de adulterio natus et quod punitur in inferno in stercore ferventi et quod fuit in tempore Titi. Dicit tamen quod alius fuit a nostro Ihesu, (sed nesciebat dicere quis ille fuisset, unde satis patet quod menciebatur).

[IV.] Item dixit quod sollempnius legunt in scolis de Talmud quam de Biblia, nec vocaretur Magister qui sciret Bibliam eciam corde tenus, nisi sciret Talmud.

[V.] Item dixit quod mandatum Dei de buccinando prima die mensis septimi et de portando palmas in XV^a die potuerunt revocare magistri et revocaverint si accideret in die Sabbati, ne contingeret illa die portari per viam cornu vel palmam.

[VI.] Item dixit quod est scriptum in Talmud quod gentes que non steterunt super montem Syna nec receperunt legem, pollute sunt illa [f° 231 a] immundicia quam serpens proiecit in Evam quando coiit cum ea, et de talibus dicit Talmud quod non sunt bestie dimittende cum ipsis, quia magis amabiles sunt bestie Israel eis quam proprie uxores; tamen magister Vivo dicit quod non intelligit hoc de Xpistianis ; (credat ei qui voluerit, mentitus est).

[VII.] Item concessit quod Adam coiit cum omnibus bestiis et hoc in paradiso.

[VIII.] Item dixit et est in Talmut quod Adam, postquam peccavit, CXXX^a annis antequam genuisset Seth, de semine suo, quod ventus prohiciebat et rapiebat, genuit demones qui habent corpora.

[IX.] Item dixit quod totum Talmud, quantum ad precepta et indicia et argumenta et exposiciones, datum fuit Moysi in monte Syna, non scripto, sed verbo in corde ipsius.

[X.] Item concessit et est in Talmut quod Deus dicebat : « Veh » mihi quod iuravi, et modo quia iuravi, quis absolvet me? » Et magistri dixerunt quod Raba erat asinus, quia non responderat voci Dei sic dicentis : Solutum tibi, solutum tibi.

[XI.] Item dixit et est in Talmud Deum sibi singulis noctibus ter maledicere, quia dimisit templum et Iudeos subdidit servituti.

[XII.] Item dixit quod est in Talmud quod Helyas propheta frequentabat scolas Rbi, etc.

[XIII.] Item dixit quod nullus Iudeus penam ignis inferni nunquam senciet et nullus de eis aliqua pena punietur in alio seculo ultra XII menses.

[XIV.] Item dixit quod est in Talmud quod omnium malorum et corpora et anime redigentur in pulverem, nec aliam penam habebunt post hoc, preter illos qui ita rebellaverunt contra Deum, quod voluerunt [f° 231 b] esse Dii, et isti punientur in eternum; infernus deficiet, sed infernus istorum nunquam.

[XV.] Item dixit quod tres ydiote vel unus magister qui fuit in terra promissionis possunt absolvere a voto et iuramento leviter facto, si peniteat et non tangat alium, et eciam ex deliberacione facto; et si tangat alium, dummodo ille presens sit; et ponitur exemplum de Sedechya et Nabug[odonosor] (supra est). Unde ipse Dominus precepit Moysi quod iret et faceret se absolvi coram Iethro de iuramento quod ei fecerat quod habitaret cum ipso.

[XVI.] Item dixit quod est in Talmud scriptum quod qui protestatur in principio anni quod iuramenta et promissiones sue non valeant illo anno, non obligabunt ipsum, si memor est dicte protestacionis quando facit votum vel iuramentum vel promissum. Dixit tamen quod hoc intelligit de votis vel iuramentis vel promissis factis ad seipsum et non ad alium.

[XVII.] Item dixit quod est in Talmud quod Deus cotidie exercet studium docendo pueros, et quod sedet et ludit cum Levyathan.

[XVIII.] Item dixit quod rogat seipsum : « Sit voluntas coram me, quod pietates mee vincant offensam meam, etc. » (Hoc habes supra).

[Confessio magistri Iudas].

[I.] Magister Iudas confessus est quod scriptum est in Talmud quod filius Chatada est filius Marie qui fuit suspensus in vespere Pasche in vigilia Sabbati, quia ipse incitabat et sortilegiabat populum, et de ipso docet glosa Salomonis Trecensis quod ille fuit Ihesus Noceri (Nazarenus), et Iacob glosator eorum similiter dicit.

[II.] Item dixit quod est in Talmud quod Ihesus punitur [f° 231 c] in stercore ferventi in inferno, quia derridebat verba sapiencium, sed non intelligit hoc de nostro Ihesu (mentitus est), et tamen ille Ihesus fuit Iudeus et fuit circa tempus Tyti vel ante.

[III.] Item dixit quod scriptum est in Talmud quod Rby Natam invenit Helyam prophetam post disputacionem Rby Elyezer contra alios, qui dixit ei quod Deus risit tempore disputacionis illius, quia noluerunt credere voci de celo et dixit : « Vicerunt me pueri mei, vicerunt me pueri mei ! »

[IV.] Item dixit quod credit esse verum quicquid est in Talmud, sed non facit vim nisi in hiis que pertinent ad legem (mentitus est et contra Talmud).

[V.] Item dixit quod due sunt leges et una non potuit fieri nisi per verba sapiencium, et illa est Talmud, et continetur in ea quod verba sapiencium magis debent servari et maius peccatum est illa transgredi quam legem scriptam, in lege enim scriptum est *facere et non facere* et non meretur mortem in illis, qui autem transgreditur verba sapiencium, meretur mortem.

[VI.] Item confessus est quod in Talmud est scriptum quod non dimitterent pueros suos studere in Biblia, et Salomon Trecensis glosat : Quia studere in Biblia abstrahit ad aliam fidem. Et iste dicit quod propter hoc est, quia multa sunt ibi difficilia et obscura, que aliter intelligi non possent nisi per Talmud.

APPENDICE

La bulle inédite que nous reproduisons ici, est très importante. Elle se rapporte à cette confiscation du Talmud qui eut lieu sous saint Louis avant le fameux colloque de Yehiel de Paris avec l'apostat Donin de La Rochelle, et dont les suites se firent encore sentir en 1248. Tous les historiens qui se sont occupés de cette question intéressante[1] admettent ou semblent admettre, malgré l'invraisemblance du fait, qu'il y a eu deux auto-da-fé du Talmud, l'un en 1242 (ou 1244) l'autre à peine six ans plus tard, en 1248. La Bulle d'Innocent IV que nous publions aujourd'hui, comparée avec la lettre (de date inconnue) écrite au pape par Eudes de Châteauroux, et la sentence d'Eudes de Châteauroux, du 15 mai 1248, explique suffisamment, je pense, ce qui s'est passé en 1247 et 1248.

Un certain nombre d'exemplaires du Talmud avaient échappé à la confiscation de 1240 et étaient restés cachés dans les maisons des Juifs, comme le prouve bien l'enquête de 1247, où les Juifs purent présenter quelques volumes du Talmud à Eudes de Châteauroux. Il est probable aussi que les exemplaires saisis en 1239 sur tout le territoire du Roi de France, ne furent pas tous envoyés à Paris et même que tous ceux qu'on réunit à Paris ne furent pas brûlés. En mai 1244 (8 ou 9 ou 11 mai ; voir Potthast, à ces dates), Innocent IV écrivit encore à saint Louis pour l'engager à faire brûler les exemplaires du Talmud, probablement ceux qui avaient été épargnés en 1242/4 ; mais, le 29 novembre 1244, Innocent IV vint demeurer à Lyon, et il est probable que peu de temps après les Juifs de France intercédèrent auprès de lui et essayèrent de faire lever l'interdit qui pesait sur le Talmud, afin de rentrer en possession des exemplaires qui n'avaient pas été

[1] Graetz. VIII, 128 (1ᵉ édit.); Kisch, *Monatsschrift*, 1874, p. 207 ; Valois, *Guillaume d'Auvergne, évêque de Paris* (Paris, 1880), p. 133 et 134.

détruits ou de pouvoir se servir librement de ceux qu'ils avaient gardés cachés. Ils eurent sans doute à vaincre une assez longue résistance ; à la fin cependant leurs efforts obtinrent un semblant de succès. Le pape écrivit à Eudes (vers août 1247) d'examiner de nouveau le Talmud et les livres des Juifs, afin de voir s'il n'y aurait pas moyen de les tolérer en ce qui ne serait pas injurieux pour la religion chrétienne, et si on ne pourrait pas, après examen des livres montrés (ou des livres anciennement confisqués), rendre ces livres aux Juifs. Le 12 août 1247, le pape informe le Roi qu'Eudes avait reçu ce mandat. Il ose à peine indiquer, sous une forme dubitative, qu'on pourrait peut-être se montrer moins rigoureux envers les Juifs.

La bulle qu'avait reçue Eudes de Châteauroux, était conçue à peu près dans les mêmes termes que celle qui fut adressée à saint Louis. On le voit par la réponse qu'Eudes adressa au pape. Dans cette réponse (commençant par les mots *Sanctitati vestre placuit* [1]), Eudes le prend de très haut avec le pape. Il lui rappelle les bulles de 1239 de son prédécesseur Grégoire IX contre le Talmud, l'auto-da-fé de 1242/4. Le Talmud est plein d'erreurs, loin d'éclairer les Juifs, il les égare, il dénature le sens de la Bible et il est manifeste que les rabbins ont trompé le pape et les cardinaux, en prétendant que sans le Talmud ils ne peuvent pas comprendre la Bible et les instituts de leur loi. Ce ne serait pas un petit scandale si les exemplaires des livres condamnés et brûlés publiquement autrefois étaient maintenant tolérés par l'ordre du pape ou rendus aux Juifs. Quand même ces livres contiendraient certaines bonnes choses, et ils en contiennent bien peu, ils doivent être condamnés, comme on condamne les hérétiques quoique leur hérésie ne porte pas sur tous les dogmes, mais sur quelques-uns seulement. Néanmoins, pour exécuter le mandat du pape, Eudes a demandé aux Juifs de lui montrer leurs livres talmudiques et autres. Ils ne lui ont montré que cinq mauvais volumes, et il les fait examiner avec soin.

Nous n'avons pas la date de cette lettre, probablement postérieure de peu à la bulle du 12 août 1247, mais nous avons la sentence finale d'Eudes de Châteauroux [2]. Elle est du 15 mai 1248. Elle condamne le Talmud. Le livre a été examiné de nouveau, il est plein d'erreurs et de blasphèmes horribles ; contrairement à l'avis du pape, il ne sera point toléré, et les exemplaires qu'on en a saisis ne seront pas rendus aux Juifs. Quant aux autres livres (ou

---

[1] Publiée dans Echard, *Sancti Thomæ Summa*, Paris, 1708, p. 590, sqq. d'après le ms. lat. n° 16,558 de la Bibl. nat.

[2] Dans Echard, *ibid*.

exemplaires du Talmud) que les Juifs ne lui ont pas montrés, quoiqu'il les y ait requis à diverses reprises, il se réserve d'en statuer en temps et lieu.

Je crois qu'il ressort pleinement de cette analyse des pièces, qu'il n'y a pas eu de seconde confiscation générale après celle de l'année 1240, ni de second auto-da-fé du Talmud en 1248. Toute la correspondance entre le pape et le légat semble porter sur ce seul point : Ne serait-il pas à propos de lever l'interdit prononcé contre le Talmud ? Les livres qu'il est question de rendre aux Juifs sont ou bien les livres saisis qui avaient survécu à l'auto-da-fé de 1242/4, ou plutôt, je crois, ceux que les Juifs, après avoir obtenu la bulle de 1247, avaient montrés au légat pour la nouvelle enquête que prescrivait le pape.

Lyon, 12 août 1247. — Le pape Innocent IV à saint Louis. Le souverain Pontife doit rendre justice à tout le monde. Les maîtres des Juifs de France lui ont représenté que, sans le secours du Talmud, ils ne peuvent comprendre la Bible ni les autres statuts de leur loi. Nous sommes tenus, par mandat divin, de tolérer les Juifs, nous devons donc leur laisser leur loi et leurs livres. C'est pourquoi le pape a ordonné à l'évêque de Tusculum [Eudes de Châteauroux], légat du Saint-Siège, de faire examiner les livres des Juifs, de tolérer ces livres en tout ce qui n'est pas injurieux pour la religion chrétienne, et de les rendre aux maîtres des Juifs. Saint Louis est prié de faire exécuter les résolutions du légat.

Collection Doat, vol. XXXVII, f° 124. Copie.

INNOCENTIUS episcopus servus servorum Dei charissimo in Christo filio illustrissimo Regi Franciæ salutem et apostolicam benedictionem. Ad instar animalium quæ vidit in Apocalipsi Joannes plena oculis ante et retro, summus Pontifex, oculatus undique circumspiciens tamquam sapientibus et insipientibus debitor, nulli debet iniuste nocere, sed iuste quod iustum exequendo tenetur reddere cuilibet iura sua. Sane magistris Judeorum regni tui proponentibus nuper coram nobis et fratribus nostris quod sine illo libro qui hebraice Talamut dicitur bibliam et alia statuta suæ legis secundum fidem ipsorum intelligere nequeunt, nos qui iuxta mandatum divinum in eadem lege ipsos tolerare tenemur, dignum eis duximus respondendum quod sicut eos ipsa lege sic perconsequens suis libris nolumus iniuste privare. Unde venerabili filio nostro episcopo Tusculano apostolicæ sedis legato direximus scripta nostra [1] ut tam ipsum [Talamut] quam alios sibi faciens exhiberi [libros] ac eos inspici, et inspiciens diligenter, eosdem toleret in his in quibus secundum Deum sine fidei chris-

[1] Nous restituons ainsi le texte corrompu de la copie, qui porte : Unde venerunt sine nostro episcopo Tusculano duximus scripta nostra.

tianæ injuria viderit tolerandos et magistris restituat supradictis, contradictores per censuram ecclesiasticam appellatione postposita compescendo. Quocirca Serenitatem regiam rogandam duximus attentius et hortandam propter quod per eundem legatum factum fuerit in hac parte gratum habeas et acceptum ac facias firmiter observari. Datum Lugduni secundo idus augusti, pontificatus nostri anno quinto.

VERSAILLES, IMPRIMERIE CERF ET FILS, RUE DUPLESSIS, 59.